（唐）李白 著

辽宁人民出版社

目 录

诗选

白头吟（其一）// 01

望庐山瀑布（其一）// 02

越女词五首 // 02

箜篌谣 // 03

乌栖曲 // 03

山中问答 // 04

少年行（其一）// 04

子夜吴歌四首 // 04

登太白峰 // 05

前有樽酒行二首 // 05

登新平楼 // 06

春日醉起言志 // 06

大堤曲 // 07

江上吟 // 07

行路难（其三）// 07

留别鲁颂 // 08

宫中行乐词八首 // 08

清平调词三首 // 10

塞下曲六首 // 11

沐浴子 // 12

月下独酌四首 // 12

把酒问月 // 14

横江词六首 // 14

扶风豪士歌 // 16

赠汪伦 // 16

送张舍人之江东 // 17

峨眉山月歌送蜀僧晏入中京 // 17

庐山谣寄卢侍御虚舟 // 17

黄鹤楼送孟浩然之广陵 // 18

赠孟浩然 // 18

送友人入蜀 // 19

送贺宾客归越 // 19

白云歌送刘十六归山 // 19

灞陵行送别 // 20

西岳云台歌送丹丘子 // 20

送友人 // 20

闻王昌龄左迁龙标遥有此寄 // 21

宣州谢朓楼饯别校书叔云 // 21

送储邕之武昌 // 21

赠从兄襄阳少府皓 // 22

戏赠杜甫 // 22

鲁郡东石门送杜二甫 // 23

沙丘城下寄杜甫 // 23

秋日鲁郡尧祠亭上宴别杜补阙范侍御 // 23

经下邳圯桥怀张子房 // 24

酬崔侍御 // 24

寻鲁城北范居士失道落苍耳中见范置酒摘苍耳作 // 24

登单父陶少府半月台 // 25

至鸭栏驿上白马矶赠裴侍御 // 25

哭晁卿衡 // 25

忆旧游寄谯郡元参军 // 25

宣州九日闻崔四侍御与宇文太守游敬亭余时登 // 27

魏郡别苏明府因北游 // 28

江夏别宋之悌 // 28

对雪奉饯任城六父秩满归京 // 28

文选

明堂赋 // 31

拟恨赋 // 34

大猎赋并序 // 35

大鹏赋并序 // 38

惜余春赋 // 39

愁阳春赋 // 40

悲清秋赋 // 40

春夜宴从弟桃花园序 // 41

诗选

白头吟（其一）

锦水东北流，波荡双鸳鸯。
雄巢汉宫树，雌弄秦草芳。
宁同万死碎绮翼，不忍云间两分张。
此时阿娇正娇妒，独坐长门愁日暮。
但愿君恩顾妾深，岂惜黄金买词赋。
相如作赋得黄金，丈夫好新多异心。
一朝将聘茂陵女，文君因赠白头吟。
东流不作西归水，落花辞条羞故林。
兔丝固无情，随风任倾倒。
谁使女萝枝，而来强萦抱。
两草犹一心，人心不如草。
莫卷龙须席，从他生网丝。
且留琥珀枕，或有梦来时。
覆水再收岂满杯，弃妾已去难重回。
古来得意不相负，只今唯见青陵台。

望庐山瀑布（其一）

西登香炉峰，南见瀑布水。
挂流三百丈，喷壑数十里。
欻如飞电来，隐若白虹起。
初惊河汉落，半洒云天里。
仰观势转雄，壮哉造化功。
海风吹不断，江月照还空。
空中乱潈射，左右洗青壁。
飞珠散轻霞，流沫沸穹石。
而我乐名山，对之心益闲。
无论漱琼液，还得洗尘颜。
且谐宿所好，永愿辞人间。

越女词五首

长干吴儿女，眉目艳新月。
屐上足如霜，不著鸦头袜。

吴儿多白皙，好为荡舟剧。
卖眼掷春心，折花调行客。

耶溪采莲女，见客棹歌回。
笑入荷花去，佯羞不出来。

东阳素足女，会稽素舸郎。

相看月未堕,白地断肝肠。

镜湖水如月,耶溪女似雪。
新妆荡新波,光景两奇绝。

箜篌谣

攀天莫登龙,走山莫骑虎。
贵贱结交心不移,唯有严陵及光武。
周公称大圣,管蔡宁相容。
汉谣一斗粟,不与淮南舂。
兄弟尚路人,吾心安所从。
他人方寸间,山海几千重。
轻言托朋友,对面九疑峰。
开花必早落,桃李不如松。
管鲍久已死,何人继其踪。

乌栖曲

姑苏台上乌栖时,
吴王宫里醉西施。
吴歌楚舞欢未毕,
青山欲衔半边日。
银箭金壶漏水多,
起看秋月坠江波。

东方渐高奈乐何!

山中问答

问余何意栖碧山,
笑而不答心自闲。
桃花流水窅然去,
别有天地非人间。

少年行(其一)

击筑饮美酒,剑歌易水湄。
经过燕太子,结托并州儿。
少年负壮气,奋烈自有时。
因击鲁句践,争博勿相欺。

子夜吴歌四首
春歌

秦地罗敷女,采桑绿水边。
素手青条上,红妆白日鲜。
蚕饥妾欲去,五马莫留连。

夏歌

镜湖三百里,菡萏发荷花。

五月西施采，人看隘若耶。
回舟不待月，归去越王家。

秋歌

长安一片月，万户捣衣声。
秋风吹不尽，总是玉关情。
何日平胡虏，良人罢远征。

冬歌

明朝驿使发，一夜絮征袍。
素手抽针冷，那堪把剪刀。
裁缝寄远道，几日到临洮？

登太白峰

西上太白峰，夕阳穷登攀。
太白与我语，为我开天关。
愿乘泠风去，直出浮云间。
举手可近月，前行若无山。
一别武功去，何时复见还。

前有樽酒行二首
其一

春风东来忽相过，金樽渌酒生微波。

落花纷纷稍觉多，美人欲醉朱颜酡。
青轩桃李能几何？流光欺人忽蹉跎。
　　君起舞，日西夕。
当年意气不肯倾，白发如丝叹何益？

其二

琴奏龙门之绿桐，玉壶美酒清若空。
催弦拂柱与君饮，看朱成碧颜始红。
　　胡姬貌如花，当垆笑春风。
笑春风，舞罗衣，君今不醉将安归？

登新平楼

去国登兹楼，怀归伤暮秋。
天长落日远，水净寒波流。
秦云起岭树，胡雁飞沙洲。
苍苍几万里，目极令人愁。

春日醉起言志

处世若大梦，胡为劳其生？
所以终日醉，颓然卧前楹。
觉来眄庭前，一鸟花间鸣。
借问此何时？春风语流莺。
感之欲叹息，对酒还自倾。

浩歌待明月，曲尽已忘情。

大堤曲

汉水临襄阳，花开大堤暖。
佳期大堤下，泪向南云满。
春风无复情，吹我梦魂散。
不见眼中人，天长音信断。

江上吟

木兰之枻沙棠舟，玉箫金管坐两头。
美酒樽中置千斛，载妓随波任去留。
仙人有待乘黄鹤，海客无心随白鸥。
屈平辞赋悬日月，楚王台榭空山丘。
兴酣落笔摇五岳，诗成笑傲凌沧洲。
功名富贵若长在，汉水亦应西北流。

行路难（其三）

有耳莫洗颍川水，有口莫食首阳蕨。
含光混世贵无名，何用孤高比云月？
吾观自古贤达人，功成不退皆殒身。
子胥既弃吴江上，屈原终投湘水滨。
陆机雄才岂自保？李斯税驾苦不早。

华亭鹤唳讵可闻，上蔡苍鹰何足道！
君不见吴中张翰称达生，秋风忽忆江东行。
且乐生前一杯酒，何须身后千载名？

留别鲁颂

谁道泰山高，下却鲁连节。
谁云秦军众，摧却鲁连舌。
独立天地间，清风洒兰雪。
夫子还倜傥，攻文继前烈。
错落石上松，无为秋霜折。
赠言镂宝刀，千岁庶不灭。

宫中行乐词八首

其一

小小生金屋，盈盈在紫微。
山花插宝髻，石竹绣罗衣。
每出深宫里，常随步辇归。
只愁歌舞散，化作彩云飞。

其二

柳色黄金嫩，梨花白雪香。
玉楼巢翡翠，金殿锁鸳鸯。
选妓随雕辇，征歌出洞房。

宫中谁第一，飞燕在昭阳。

其三
卢橘为秦树，蒲桃出汉宫。
烟花宜落日，丝管醉春风。
笛奏龙吟水，箫鸣凤下空。
君王多乐事，还与万方同。

其四
玉树春归日，金宫乐事多。
后庭朝未入，轻辇夜相过。
笑出花间语，娇来竹下歌。
莫教明月去，留著醉嫦娥。

其五
绣户香风暖，纱窗曙色新。
宫花争笑日，池草暗生春。
绿树闻歌鸟，青楼见舞人。
昭阳桃李月，罗绮自相亲。

其六
今日明光里，还须结伴游。
春风开紫殿，天乐下朱楼。
艳舞全知巧，娇歌半欲羞。
更怜花月夜，宫女笑藏钩。

其七

寒雪梅中尽，春风柳上归。

宫莺娇欲醉，檐燕语还飞。

迟日明歌席，新花艳舞衣。

晚来移彩仗，行乐泥光辉。

其八

水绿南薰殿，花红北阙楼。

莺歌闻太液，凤吹绕瀛洲。

素女鸣珠佩，天人弄彩球。

今朝风日好，宜入未央游。

清平调词三首

其一

云想衣裳花想容，春风拂槛露华浓。

若非群玉山头见，会向瑶台月下逢。

其二

一枝红艳露凝香，云雨巫山枉断肠。

借问汉宫谁得似，可怜飞燕倚新妆。

其三

名花倾国两相欢，长得君王带笑看。

解释春风无限恨，沉香亭北倚阑干。

塞下曲六首
其一
五月天山雪,无花只有寒。
笛中闻折柳,春色未曾看。
晓战随金鼓,宵眠抱玉鞍。
愿将腰下剑,直为斩楼兰。

其二
天兵下北荒,胡马欲南饮。
横戈从百战,直为衔恩甚。
握雪海上餐,拂沙陇头寝。
何当破月氏,然后方高枕。

其三
骏马似风飙,鸣鞭出渭桥。
弯弓辞汉月,插羽破天骄。
阵解星芒尽,营空海雾消。
功成画麟阁,独有霍嫖姚。

其四
白马黄金塞,云砂绕梦思。
那堪愁苦节,远忆边城儿。
萤飞秋窗满,月度霜闺迟。
摧残梧桐叶,萧飒沙棠枝。
无时独不见,流泪空自知。

其五

塞虏乘秋下，天兵出汉家。

将军分虎竹，战士卧龙沙。

边月随弓影，胡霜拂剑花。

玉关殊未入，少妇莫长嗟。

其六

烽火动沙漠，连照甘泉云。

汉皇按剑起，还召李将军。

兵气天上合，鼓声陇底闻。

横行负勇气，一战净妖氛。

沐浴子

沐芳莫弹冠，浴兰莫振衣。

处世忌太洁，至人贵藏晖。

沧浪有钓叟，吾与尔同归。

月下独酌四首
其一

花间一壶酒，独酌无相亲。

举杯邀明月，对影成三人。

月既不解饮，影徒随我身。

暂伴月将影，行乐须及春。

我歌月徘徊，我舞影零乱。
醒时同交欢，醉后各分散。
永结无情游，相期邈云汉。

其二

天若不爱酒，酒星不在天。
地若不爱酒，地应无酒泉。
天地既爱酒，爱酒不愧天。
已闻清比圣，复道浊如贤。
贤圣既已饮，何必求神仙。
三杯通大道，一斗合自然。
但得酒中趣，勿为醒者传。

其三

三月咸阳城，千花昼如锦。
谁能春独愁，对此径须饮。
穷通与修短，造化夙所禀。
一樽齐死生，万事固难审。
醉后失天地，兀然就孤枕。
不知有吾身，此乐最为甚。

其四

穷愁千万端，美酒三百杯。
愁多酒虽少，酒倾愁不来。
所以知酒圣，酒酣心自开。

辞粟卧首阳，屡空饥颜回。
当代不乐饮，虚名安用哉。
蟹螯即金液，糟丘是蓬莱。
且须饮美酒，乘月醉高台。

把酒问月

青天有月来几时，我今停杯一问之。
人攀明月不可得，月行却与人相随。
皎如飞镜临丹阙，绿烟灭尽清辉发。
但见宵从海上来，宁知晓向云间没。
白兔捣药秋复春，嫦娥孤栖与谁邻。
今人不见古时月，今月曾经照古人。
古人今人若流水，共看明月皆如此。
唯愿当歌对酒时，月光长照金樽里。

横江词六首

其一

人道横江好，
侬道横江恶。
一风三日吹倒山，
白浪高于瓦官阁。

其二

海潮南去过浔阳,
牛渚由来险马当。
横江欲渡风波恶,
一水牵愁万里长。

其三

横江西望阻西秦,
汉水东连扬子津。
白浪如山那可渡,
狂风愁杀峭帆人。

其四

海神来过恶风回,
浪打天门石壁开。
浙江八月何如此,
涛似连山喷雪来。

其五

横江馆前津吏迎,
向余东指海云生。
郎今欲渡缘何事,
如此风波不可行。

其六

月晕天风雾不开，
海鲸东蹙百川回。
惊波一起三山动，
公无渡河归去来。

扶风豪士歌

洛阳三月飞胡沙，洛阳城中人怨嗟。
天津流水波赤血，白骨相撑如乱麻。
我亦东奔向吴国，浮云四塞道路赊。
东方日出啼早鸦，城门人开扫落花。
梧桐杨柳拂金井，来醉扶风豪士家。
扶风豪士天下奇，意气相倾山可移。
作人不倚将军势，饮酒岂顾尚书期。
雕盘绮食会众客，吴歌赵舞香风吹。
原尝春陵六国时，开心写意君所知。
堂中各有三千士，明日报恩知是谁。
抚长剑，一扬眉，清水白石何离离。
脱吾帽，向君笑。饮君酒，为君吟。
张良未逐赤松去，桥边黄石知我心。

赠汪伦

李白乘舟将欲行，

忽闻岸上踏歌声。
桃花潭水深千尺,
不及汪伦送我情。

送张舍人之江东
张翰江东去,正值秋风时。
天清一雁远,海阔孤帆迟。
白日行欲暮,沧波杳难期。
吴洲如见月,千里幸相思。

峨眉山月歌送蜀僧晏入中京
我在巴东三峡时,西看明月忆峨眉。
月出峨眉照沧海,与人万里长相随。
黄鹤楼前月华白,此中忽见峨眉客。
峨眉山月还送君,风吹西到长安陌。
长安大道横九天,峨眉山月照秦川。
黄金狮子乘高座,白玉麈尾谈重玄。
我似浮云殢吴越,君逢圣主游丹阙。
一振高名满帝都,归时还弄峨眉月。

庐山谣寄卢侍御虚舟
我本楚狂人,凤歌笑孔丘。

手持绿玉杖，朝别黄鹤楼。
五岳寻仙不辞远，一生好入名山游。
庐山秀出南斗傍，屏风九叠云锦张，
　　影落明湖青黛光。
金阙前开二峰长，银河倒挂三石梁。
香炉瀑布遥相望，回崖沓嶂凌苍苍。
翠影红霞映朝日，鸟飞不到吴天长。
登高壮观天地间，大江茫茫去不还。
黄云万里动风色，白波九道流雪山。
　　好为庐山谣，兴因庐山发。
闲窥石镜清我心，谢公行处苍苔没。
早服还丹无世情，琴心三叠道初成。
遥见仙人彩云里，手把芙蓉朝玉京。
先期汗漫九垓上，愿接卢敖游太清。

黄鹤楼送孟浩然之广陵
　　故人西辞黄鹤楼，
　　烟花三月下扬州。
　　孤帆远影碧空尽，
　　唯见长江天际流。

赠孟浩然
吾爱孟夫子，风流天下闻。

红颜弃轩冕,白首卧松云。
醉月频中圣,迷花不事君。
高山安可仰,徒此揖清芬。

送友人入蜀

见说蚕丛路,崎岖不易行。
山从人面起,云傍马头生。
芳树笼秦栈,春流绕蜀城。
升沉应已定,不必问君平。

送贺宾客归越

镜湖流水漾清波,
狂客归舟逸兴多。
山阴道士如相见,
应写黄庭换白鹅。

白云歌送刘十六归山

楚山秦山皆白云,白云处处长随君。
长随君,君入楚山里,云亦随君渡湘水。
湘水上,女萝衣,白云堪卧君早归。

灞陵行送别

送君灞陵亭,灞水流浩浩。

上有无花之古树,下有伤心之春草。

我向秦人问路歧,云是王粲南登之古道。

古道连绵走西京,紫阙落日浮云生。

正当今夕断肠处,骊歌愁绝不忍听。

西岳云台歌送丹丘子

西岳峥嵘何壮哉!黄河如丝天际来。

黄河万里触山动,盘涡毂转秦地雷。

荣光休气纷五彩,千年一清圣人在。

巨灵咆哮擘两山,洪波喷箭射东海。

三峰却立如欲摧,翠崖丹谷高掌开。

白帝金精运元气,石作莲花云作台。

云台阁道连窈冥,中有不死丹丘生。

明星玉女备洒扫,麻姑搔背指爪轻。

我皇手把天地户,丹丘谈天与天语。

九重出入生光辉,东来蓬莱复西归。

玉浆倘惠故人饮,骑二茅龙上天飞。

送友人

青山横北郭,白水绕东城。

此地一为别,孤蓬万里征。

浮云游子意，落日故人情。
挥手自兹去，萧萧班马鸣。
注：此诗作年难考，不知为何人所作。

闻王昌龄左迁龙标遥有此寄

杨花落尽子规啼，
闻道龙标过五溪。
我寄愁心与明月，
随风直到夜郎西。

宣州谢朓楼饯别校书叔云

弃我去者，昨日之日不可留；
乱我心者，今日之日多烦忧。
长风万里送秋雁，对此可以酣高楼。
蓬莱文章建安骨，中间小谢又清发。
俱怀逸兴壮思飞，欲上青天览明月。
抽刀断水水更流，举杯消愁愁更愁。
人生在世不称意，明朝散发弄扁舟。

送储邕之武昌

黄鹤西楼月，长江万里情。
春风三十度，空忆武昌城。

送尔难为别,衔杯惜未倾。
湖连张乐地,山逐泛舟行。
诺为楚人重,诗传谢朓清。
沧浪吾有曲,寄入棹歌声。

赠从兄襄阳少府皓

结发未识事,所交尽豪雄。
却秦不受赏,击晋宁为功。
小节岂足言,退耕舂陵东。
归来无产业,生事如转蓬。
一朝乌裘敝,百镒黄金空。
弹剑徒激昂,出门悲路穷。
吾兄青云士,然诺闻诸公。
所以陈片言,片言贵情通。
棣华倘不接,甘与秋草同。

戏赠杜甫

饭颗山头逢杜甫,
顶戴笠子日卓午。
借问别来太瘦生,
总为从前作诗苦。

鲁郡东石门送杜二甫

醉别复几日,登临遍池台。
何时石门路,重有金樽开。
秋波落泗水,海色明徂徕。
飞蓬各自远,且尽手中杯。

沙丘城下寄杜甫

我来竟何事,高卧沙丘城。
城边有古树,日夕连秋声。
鲁酒不可醉,齐歌空复情。
思君若汶水,浩荡寄南征。

秋日鲁郡尧祠亭上宴别杜补阙范侍御

我觉秋兴逸,谁云秋兴悲?
山将落日去,水与晴空宜。
鲁酒白玉壶,送行驻金羁。
歇鞍憩古木,解带挂横枝。
歌鼓川上亭,曲度神飙吹。
云归碧海夕,雁没青天时。
相失各万里,茫然空尔思。

经下邳圯桥怀张子房

子房未虎啸，破产不为家。
沧海得壮士，椎秦博浪沙。
报韩虽不成，天地皆振动。
潜匿游下邳，岂曰非智勇？
我来圯桥上，怀古钦英风。
唯见碧流水，曾无黄石公。
叹息此人去，萧条徐泗空。

酬崔侍御

严陵不从万乘游，
归卧空山钓碧流。
自是客星辞帝座，
元非太白醉扬州。

寻鲁城北范居士失道落苍耳中见范置酒摘苍耳作

雁度秋色远，日静无云时。客心不自得，浩漫将何之。
忽忆范野人，闲园养幽姿。茫然起逸兴，但恐行来迟。
城壕失往路，马首迷荒陂。不惜翠云裘，遂为苍耳欺。
入门且一笑，把臂君为谁。酒客爱秋蔬，山盘荐霜梨。
他筵不下箸，此席忘朝饥。酸枣垂北郭，寒瓜蔓东篱。
还倾四五酌，自咏猛虎词。近作十日欢，远为千载期。
风流自簸荡，谑浪偏相宜。酣来上马去，却笑高阳池。

登单父陶少府半月台

陶公有逸兴,不与常人俱。筑台像半月,回向高城隅。
置酒望白云,商飙起寒梧。秋山入远海,桑柘罗平芜。
水色渌且明,令人思镜湖。终当过江去,爱此暂踟蹰。

至鸭栏驿上白马矶赠裴侍御

侧叠万古石,横为白马矶。
乱流若电转,举棹扬珠辉。
临驿卷缇幕,升堂接绣衣。
情亲不避马,为我解霜威。

哭晁卿衡

日本晁卿辞帝都,
征帆一片绕蓬壶。
明月不归沉碧海,
白云愁色满苍梧。

忆旧游寄谯郡元参军

忆昔洛阳董糟丘,为余天津桥南造酒楼。
黄金白璧买歌笑,一醉累月轻王侯。
海内贤豪青云客,就中与君心莫逆。
回山转海不作难,倾情倒意无所惜。

我向淮南攀桂枝，君留洛北愁梦思。
　　不忍别，还相随。
相随迢迢访仙城，三十六曲水回萦。
一溪初入千花明，万壑度尽松风声。
银鞍金络倒平地，汉东太守来相迎。
　　紫阳之真人，邀我吹玉笙。
餐霞楼上动仙乐，嘈然宛似鸾凤鸣。
袖长管催欲轻举，汉中太守醉起舞。
手持锦袍覆我身，我醉横眠枕其股。
当筵意气凌九霄，星离雨散不终朝，
　　分飞楚关山水遥。
余既还山寻故巢，君亦归家渡渭桥。
君家严君勇貔虎，作尹并州遏戎虏。
五月相呼度太行，摧轮不道羊肠苦。
行来北凉岁月深，感君贵义轻黄金。
琼杯绮食青玉案，使我醉饱无归心。
时时出向城西曲，晋祠流水如碧玉。
浮舟弄水箫鼓鸣，微波龙鳞莎草绿。
兴来携妓恣经过，其若杨花似雪何。
红妆欲醉宜斜日，百尺清潭写翠娥。
翠娥婵娟初月辉，美人更唱舞罗衣。
清风吹歌入空去，歌曲自绕行云飞。
此时行乐难再遇，西游因献长杨赋。
北阙青云不可期，东山白首还归去。
渭桥南头一遇君，酂台之北又离群。

问余别恨知多少，落花春暮争纷纷。
言亦不可尽，情亦不可极。
呼儿长跪缄此辞，寄君千里遥相忆。

宣州九日闻崔四侍御与宇文太守游敬亭余时登

九日茱萸熟，插鬓伤早白。
登高望山海，满目悲古昔。
远访投沙人，因为逃名客。
故交竟谁在，独有崔亭伯。
重阳不相知，载酒任所适。
手持一枝菊，调笑二千石。
日暮岸帻归，传呼隘阡陌。
彤襟双白鹿，宾从何辉赫。
夫子在其间，遂成云霄隔。
良辰与美景，两地方虚掷。
晚从南峰归，萝月下水壁。
却登郡楼望，松色寒转碧。
咫尺不可亲，弃我如遗舄。
九卿天上落，五马道旁来。
列戟朱门晓，褰帷碧嶂开。
登高望远海，召客得英才。
紫绶欢情洽，黄花逸兴催。
山从图上见，溪即镜中回。
遥羡重阳作，应过戏马台。

魏郡别苏明府因北游

魏都接燕赵，美女夸芙蓉。
淇水流碧玉，舟车日奔冲。
青楼夹两岸，万室喧歌钟。
天下称豪贵，游此每相逢。
洛阳苏季子，剑戟森词锋。
六印虽未佩，轩车若飞龙。
黄金数百镒，白璧有几双。
散尽空掉臂，高歌赋还邛。
落魄乃如此，何人不相从。
远别隔两河，云山杳千重。
何时更杯酒，再得论心胸。

江夏别宋之悌

楚水清若空，遥将碧海通。
人分千里外，兴在一杯中。
谷鸟吟晴日，江猿啸晚风。
平生不下泪，于此泣无穷。

对雪奉饯任城六父秩满归京

龙虎谢鞭策，鹓鸾不司晨。君看海上鹤，何似笼中鹑。
独用天地心，浮云乃吾身。虽将簪组狎，若与烟霞亲。
季父有英风，白眉超常伦。一官即梦寐，脱屣归西秦。

窦公敞华筵,墨客尽来臻。燕歌落胡雁,郢曲回阳春。征马百度嘶,游车动行尘。踌躇未忍去,恋此四座人。饯离驻高驾,惜别空殷勤。何时竹林下,更与步兵邻。

文选

明堂赋

昔在天皇，告成岱宗，改元乾封，经始明堂，年纪总章。时缔构之未辑。痛威灵之遐迈。天后继作，中宗成之。因兆人之子来，崇万祀之丕业。盖天皇先天，中宗奉天。累圣纂就，鸿勋史宣。臣白美颂，恭唯述焉。其辞曰：

伊皇唐之革天创元也，我高祖乃仗大顺，赫然雷发以首之。于是横八荒，漂九阳，扫叛换，开混茫。景星耀而太阶平，虹霓灭而日月张。钦若太宗，继明重光。廓区宇以立极，缀苍颢之颓纲。淳风沕穆，鸿恩滂洋。武义烜赫于有截，仁声驱骆乎无疆。

若乃高宗绍兴，祐统锡羡，神休旁臻，瑞物咸荐。元符剖兮地珍见，既应天以顺人。遂登封而降禅。将欲考有洛，崇明堂，唯厥功之未辑兮，乘白云于帝乡。天后勤莲辅政兮，中宗以钦明克昌。遵先轨以继作兮，扬列圣之耿光。

则使轩辕草图，羲和练日。经之营之，不彩不质。因子来于四方，岂殚税于万室。乃准水臬，攒云梁，馨玉石于陇坂，空瑰材于潇湘。巧夺神鬼，高穷昊苍。听天语之察察，拟帝居之锵锵。虽暂劳而永固兮，始圣谟于我皇。

观夫明堂之宏壮也，则突兀瞳眬，乍明乍蒙，若大古元气之结空。龙楼颓沓，若鬼若巢，似天阊地门之开阖。尔乃划岸崿以岳立，郁穹崇而鸿纷。冠百王而垂勋，烛万象而腾文。窅惚恍以洞启，呼嵌岩而傍分。又比乎昆山之天柱，矗九霄而垂云。

于是结构乎黄道，岧嶤乎紫微。络勾陈以缭垣，辟阊阖而启扉。峥嵘嶵巍，

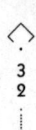

粲宇宙兮光辉；崔嵬赫奕，张天地之神威。

夫其背泓黄河，垠濑清洛。太行却立，通谷前廓。远则标熊耳以作揭，豁龙门以开关。点翠彩于洪荒，洞清阴乎群山。及乎烟云卷舒，忽出乍没。岌嵩喷伊，倚日薄月。雷霆之所鼓荡，星斗之所伛挔。挐金龙之蟠蜿，挂天珠之硨砅。

势拔五岳，形张四维。轧地轴以盘根，摩天倪而创规。楼台崛岉以奔附，城阙崟岑而蔽亏。珍树翠草，含华扬蕤。目瑶井之荧荧，拖玉绳之离离。撒华盖以侻潃，仰太微之参差。

拥以禁扃，横以武库。献房心以开凿，瞻少阳而举措。采殷制，酌夏步。杂以代室重屋之名，括以辰次火木之数。壮不及奢，丽不及素。层檐屹其霞矫，广厦郁以云布。掩日道，遏风路。阳乌转景而翻飞，大鹏横霄而侧度。

近则万木森下，千官对出。熠乎光碧之堂，炅乎琼华之室。锦烂霞驳，星错波沏。飒萧寥以飕飚，窅阴郁以栉密。含佳气之青葱，吐祥烟之郁律。

九室窈窕，五闱联绵。飞楹磊砢，走栱贪缘。云楣立岌以横绮，彩桷攒栾而仰天。皓壁昼朗，朱甍晴鲜。赪栏各落，偃蹇霄汉。翠槛回合，蝉联汗漫。沓苍穹之绝垠，跨皇居之太半。远而望之，赫煌煌以辉辉，忽天旋而云昏；迫而察之，粲炳焕以照烂，倏山讹而晷换。蔑蓬壶之海楼，吞岱宗之日观。

猛虎失道，潜虬蟠梯。经通天而直上，俯长河而下低。玉女攀星于网户，金蛾纳月于璇题。藻井彩错以舒蓬，天窗艳翼而衔霓。扶标川而罔足，拟跟挂而罢跻。要离欸曜而外丧，精视冰背而中迷。

亘以复道，接乎宫掖。坌入西楼，实为昆仑。前承后疑，正仪躅以出入；九夷五狄，顺方面而来奔。

其左右也，则丹陛崿崿，彤庭煌煌，列宝鼎，敌金光。流辟雍之滔滔，像环海之汤汤。辟青阳，启总章。廓明台而布玄堂，俨以太庙，处乎中央。发号施令，采时顺方。

其阛阓也，三十六户，七十二牖，度延列位，西八东九。白虎列序躞蹀，青龙承隅而蚴蟉。

其深没而奥密也，则赤熛掌火，招拒司金，灵威制阳，叶光摧阴，坤斗主土，据乎其心。

若乃熠耀五色，张皇万殊，人物禽兽，奇形异模。势若飞动，瞪眄睢盱。明君暗主，忠臣烈夫。威政兴灭，表贤示愚。

于是王正孟月，朝阳登曦。天子乃施苍玉，彏苍螭，临乎青阳左个，方御瑶瑟而弹鸣丝。展乎国容，辉乎皇仪。傍瞻神台，顺观云之轨；俯对清庙，崇配天之规。钦若胐蚤，维清缉熙。崇牙树羽，荧煌葳蕤。纳六服之贡，受万年邦之籍。张龙旗与虹旌，攒金戟与玉戚。延五更，进百辟，奉珪瓒，献琛帛。颙昂俯偻，俨容叠迹。乃洁湛醴，修粢盛，奠三牺，荐五牲，享于神灵。太祝正辞，庶官精诚。鼓大武之隐辚，张钧天之铿訇。孤竹合奏，空桑和鸣。尽六变，齐九成，群神来兮降明庭，盖圣主之所以孝治天下而享祀窅冥也。

然后临辟雍，宴群后，阴阳为庖，造化为宰，餐元气，洒太和，千里鼓舞，百寮赓歌。于斯之时，云油雨霈，恩鸿溶兮泽汪濊，四海归兮八荒会。咙聒兮区宇，骈闻乎阙外。群臣醉德，揖让而退。

而圣主犹夕惕若厉，惧人未安，乃目极于天，耳下于泉。飞聪驰明，无远不察，考鬼神之奥，摧阴阳之荒。下明诏，班旧章，振穷乏，散敖仓。毁玉沉珠，卑宫颓墙。使山泽无间，往来相望。帝躬乎天田，后亲于郊桑。弃末反本，人和时康。建翠华兮萎蕤，鸣玉銮之铁铁。游乎升平之圃，憩乎穆清之堂。天欣欣兮瑞穰穰，巡陵于鹯首之野，讲武于骊山之旁。封岱宗兮祀后土，掩栗陆而苞陶唐。遂邀崆峒之礼，汾水之阳，吸沆瀣之精，黜滋味而贵理国，其若梦华胥之故乡。于是元元淡然，不知所在，若群云从龙，众水奔海，此真所谓我大君登明堂之政化也。

岂比夫秦赵吴楚，争高竞奢，结阿房与丛台，建姑苏及章华。非享祀与严配，徒掩月而凌霞。由此观之，不足称也。蒙况瑶台之巨丽，复安可以语哉！敢扬国美，遂作辞曰：

穹崇明堂倚天开兮，龍嵷鸿蒙构瑰材兮。偃蹇块莽邈崔嵬兮，周流辟雍炭灵台兮。赫奕日，喷风雷。宗祀肸蚃，王化弘恢。镇八荒，通九垓。四门启兮万国来，考休征兮进贤才。俨若皇居而作固，穷千祀兮悠哉！

拟恨赋

晨登泰山，一望蒿里。松楸骨寒，宿草坟毁。浮生可嗟，大运同此。于是仆本壮夫，慷慨不歇，仰思前贤，饮恨而殁。

昔如汉祖龙跃，群雄竞奔，提剑叱咤，指挥中原。东驰渤澥，西漂昆仑。断蛇奋旅，扫清国步，握瑶图而倏升，登紫坛而雄顾。一朝长辞，天下缟素。

若乃项王虎斗，白日争辉。拔山力尽，盖世心违。闻楚歌之四合，知汉卒之重围。帐中剑舞，泣挫雄威。骓兮不逝，喑哑何归？

至如荆卿入秦，直度易水。长虹贯日，寒风飒起。远雠始皇，拟报太子。奇谋不成，愤惋而死。

若夫陈后失宠，长门掩扉。日冷金殿，霜凄锦衣。春草罢绿，秋萤乱飞。恨桃李之委绝，思君王之有违。

昔者屈原既放，迁于湘流。心死旧楚，魂飞长楸。听江枫之袅袅，闻岭狖之啾啾。永埋骨于渌水，怨怀王之不收。

及夫李斯受戮，神气黯然。左右垂泣，精魂动天。执爱子以长别，叹黄犬之无缘。

或有从军永诀，去国长违，天涯迁客，海外思归。此人忽见愁云蔽日，目断心飞，莫不攒眉痛骨，抆血沾衣。

若乃错绣毂，填金门，烟尘晓沓，歌钟昼喧。亦复星沉电灭，闭影潜魂。

已矣哉！桂华满兮明月辉，扶桑晓兮白日飞。玉颜减兮蝼蚁聚，碧台空兮歌舞稀。与天道兮共尽，莫不委骨而同归。

大猎赋并序

白以为：赋者，古诗之流。辞欲壮丽，义归博远。不然，何以光赞盛美，感天动神？而相如子云竞夸辞赋，历代以为文雄，莫敢诋评。臣谓语其略，窃或褊其用心。《子虚》所言，楚国不过千里，梦泽居其太半，而齐徒吞若八九，三农及禽兽无息肩之地，非诸侯禁淫述职之义也。

《上林》云：左苍梧，右西极。考其实，地周袤才经数百。《长杨》夸胡设网，为周阹，放麋鹿其中，以博攫充乐。《羽猎》于灵台之囿，围经百里而开殿门。当时以为穷壮极丽，迨今观之，何龌龊之甚也！但王者以四海为家，万姓为子，则天下之山林禽兽，岂与众庶异之？

而臣以为不能以大道匡君，示物周博，平文论苑之小，窃为微臣之不取也。今圣朝园池遐荒，殚穷六合，以孟冬十月大猎于秦，亦将曜威讲武，扫天荡野，岂淫荒侈靡，非三驱之意耶？臣白作颂，折中厥美。其辞曰：

粤若皇唐之契天地而袭气母兮，粲五叶之葳蕤。唯开元廓海宇而运斗极兮，总六圣之光熙。诞金德之淳精兮，漱玉露之华滋。文章森乎七曜兮，制作参乎两仪，括众妙而为师。明无幽而不烛兮，泽无远而不施。慕往昔之三驱兮，须生杀于四时。若乃严冬惨切，寒气凛冽，不周来风，玄冥掌雪。木脱叶，草解节，土囊烟阴，火井冰闭。是月也，天子处乎玄堂之中，餐八水兮休百工，考王制兮遵《国风》。乐农人之闲隙兮，因校猎而讲戎。

乃使神兵出于九阙，天仗罗于四野。征水衡与林虞，辨土物之众寡。千骑飙扫，万里雷奔。梢扶桑而拂火云兮，刮月窟而搜塞门。赫壮观于今古，巢摇荡于乾坤。此其大略也。而内以中华为天心，外以穷发为海口。豁咽喉以洞开，吞荒裔以尽取。大章按步以来往,夸父振策而奔走。足迹乎日月之所通,囊括乎阴阳之未有。君王于是撞鸿钟,发銮音,出凤阙,开宸襟,驾玉辂之飞龙,历神州之层岑。游五柞兮瞰三危,挟细柳兮过上林。攒高牙以总总兮,驻华盖之森森。于是擢倚天之剑,弯落月之弓。昆仑叱兮可倒,宇宙噫兮增雄。

河汉为之却流,川岳为之生风。羽旄扬兮九天缛,猎火燃兮千山红。乃召蚩尤之徒,聚长戟,罗广泽,河雨师走风伯。棱威耀乎雷霆,烜赫震于蛮貊。陋梁都之体制,鄙灵囿之规格。而南以衡霍作襟,北以岱常作袂。夹东海而为堑兮,拖西冥而流渠。麾九州之珍禽兮,回千群以坌入;联八荒之奇兽兮,屯万族而来居。

云罗高张,天网密布。置罘绵原,峭格掩路。螭蠓过而犹碍,蠛蠓飞而不度。彼层霄与殊榛,罕翔鸟与伏兔。从营合技,弥峦被岗。金戈森行,洗晴野之寒霜。虹旗电掣,卷长空之飞雪。吴骖走练,宛马蝶血。萦众山之联绵,隔远水之明灭。使五丁摧峰,一夫拔木。下整高颓,深平险谷。摆椿栝,开林丛。嗔嗔呷呷,尽奔突于场中。而田强古冶之俦,乌获中黄之党,越峥嵘,猎莽仓。喑呼哮嚼,风旋电往。脱文豹之皮,抵玄熊之掌。批猱手猱,挟三挈两。既徒搏以角力,又挥锋而争先。行魈号以鹗睨兮,气赫火而敌烟。拳封狸,肘巨蜒。枭羊应叱以毙踣,獿獀亡精而坠巅。或碎脑以折脊,或歂髓以飞涎。穷貑荒,荡林薮,扼土犰,殪天狗。脱角犀项,探牙象口。扫封狐于千里,揪雄虺之九首。咋腾蛇而仰吞,拖奔兕以却走。

君王于是峨通天,靡星旄,奔雷车,挥电鞭,观壮士之效获,顾三军而欣然。曰:夫何神狭鬼栗之骇人也!又命建夔鼓,励武卒。虽蹣跜之已多,犹拗怒而未歇。集赤羽兮照日,张乌号兮满月。戎车辚辚以陆离,毂骑煌煌而奋发。鹰犬之所腾捷,飞走之所蹉跌。攫麇麚之咆哮,蹂豺貉以挂格。膏锋染锷,填岩掩窟。观殊材举逸辟,尚挥霍以出没。

别有白貒、飞骏、穷奇、貙獌。牙若错剑,鬣如丛竿。口吞殳铤,目极枪橹。碎琅弧，攫玉弩，射猛兕，透奔虎。金镞一发，旁叠四五。虽凿齿磨牙而致伉，谁谓南山白额之足睹？

总八校，搜四隅，驰专诸，走都卢。趡乔林，撇绝壁，抄猕猴，揽貊貉。囚鼬鼯于峻崖，顿鷇鷽于穿石。养由发箭，奇肱飞车，巧眻更羸，妙兼蒲且。坠鹔鹅于青云，落鸿雁于紫虚。挏鸽鸹，漂鸰䴗，弹地卢与神居。斩飞鹏于日域，摧大风于天墟。龙伯钓其灵鳌，任公获其巨鱼。穷造化之谲诡，何神怪之有余？

所以喷血流川，飞毛洒雪，状若乎高天雨兽，上坠于大荒；又似乎积禽为山，下崩于林穴。阳乌沮色于朝日，阴兔丧精于明月。思腾装上猎于太清，所恨穹吴于路绝。而忽也莫不海晏天空，万方来同。虽秦皇与汉武兮，复何足以争雄！

俄而君王茫然改容，愀然有失，于安思危，防险戒逸，斯驰骋以狂发，非至理之弘术。且夫人君以端拱为尊，玄妙为宝。暴殄天物，是谓不道。乃命去三面之网，示六合之仁。已杀者皆其犯命，未伤者全其天真。虽剪毛而不献，岂割鲜以悴轮。解凤皇与鸳鸯兮，旋骐骥与麒麟。获天宝于陈仓，载非熊于渭滨。

于是享猎徒，封劳苦。轩行庖，骑酌酤。韬兵戈，火网罟。

然后登九霄之台，宴八纮之圃。开日月之扃，辟生灵之户。圣人作而万物睹，览搜敖与狩岐，何宣成之足数？哂穆王之荒诞，歌白云之西母。

曷若饱人以淡泊之味，醉时以淳和之觞，鼓之以雷霆，舞之以阴阳。虞乎神明，狃于道德。张无外以为罝，琢大朴以为柎。顿天网以掩之，猎贤俊以御极。若此之狩，罔有不克。使天人宴安，草木蕃植。六官斥其珠玉，百姓乐于耕织。寝郑卫之声，却靡曼之色。天老掌图，风后侍侧。是三阶砥平，而皇猷允塞。岂比夫《子虚》《上林》《长扬》《羽猎》，计麋鹿之多少，夸苑囿之大小哉！方将延荣光于后昆，轶玄风于邃古，拥嘉瑞，臻元符，登封于太山，篆德于社首。岂与乎七十二帝同条而共贯哉？君王于是回霓旌，反銮舆。访广成于至道，问大块之幽居。使罔象掇玄珠于赤水，天下不知其所如也。

大鹏赋并序

余昔于江陵，见天台司马子微，谓余有仙风道骨，可与神游八极之表。因著《大鹏遇希有鸟赋》以自广。此赋已传于世，往往人间见之。悔其少作，未穷宏达之旨，中年弃之。及读《晋书》，睹阮宣子《大鹏赞》，鄙心陋之。遂更记忆，多将旧本不同。今复存手集，岂敢传诸作者？庶可示之子弟而已。其辞曰：

南华老仙发天机于漆园，吐峥嵘之高论，开浩荡之奇言，征至怪于齐谐，谈北溟之有鱼。吾不知其几千里，其名曰鲲。化成大鹏，质凝胚浑。脱鬐鬣于海岛，张羽毛于天门。刷渤澥之春流，晞扶桑之朝暾。烜赫乎宇宙，凭凌乎昆仑。一鼓一舞，烟朦沙昏。五岳为之震荡，百川为之崩奔。

乃蹶厚地，揭太清。亘层霄，突重溟。激三千以崛起，向九万而迅征。背嶪太山之崔嵬，翼举长云之纵横。左回右旋，倏阴忽明。历汗漫以夭矫，羾阊阖之峥嵘。簸鸿蒙，扇雷霆。斗转而天动，山摇而海倾。怒无所搏，雄无所争。固可想象其势，仿佛其形。

若乃足萦虹蜺，目耀日月。连轩沓拖，挥霍翕忽。喷气则六合生云，洒毛则千里飞雪。邈彼北荒，将穷南图。运逸翰以傍击，鼓奔飙而长驱。烛龙衔光以照物，列缺施鞭而启途。块视三山，杯观五湖。其动也神应，其行也道俱。任公见之而罢钓，有穷不敢以弯弧。莫不投竿失镞，仰之长吁。

尔其雄姿壮观，块轧河汉。上摩苍苍，下覆漫漫。盘古开天而直视，羲和倚日以傍叹。缤纷乎八荒之间，掩映乎四海之半。当胸臆之掩昼，若混茫之未判。忽腾覆以回转，则霞廓而雾散。

然后六月一息，至于海湄。欸翳景以横骛，逆高天而下垂。憩乎泱漭之野，入乎汪湟之池。猛势所射，余风所吹。溟涨沸渭，岩峦纷披。天吴为之怵栗，海若为之躄跐。巨鳌冠山而却走，长鲸腾海而下驰。缩壳挫鬣，莫之敢窥。吾亦不测其神怪之若此，盖乃造化之所为。

岂比夫蓬莱之黄鹄，夸金衣与菊裳？耻苍梧之玄凤，耀彩质与锦章。既服御于灵仙，久驯扰于池隍。精卫殷勤于衔木，鹓鶵悲愁乎荐觞。天鸡警晓于蟠桃，踆乌晰耀于太阳。不旷荡而纵适，何拘挛而守常？未若兹鹏之逍遥，无厌类乎比方。不矜大而暴猛，每顺时而行藏。参玄根以比寿，饮元气以充肠。戏旸谷而徘徊，冯炎洲而抑扬。

俄而希有鸟见谓之曰："伟哉鹏乎，此之乐也。吾右翼掩乎西极，左翼蔽乎东荒。跨蹑地络，周旋天纲。以恍惚为巢，以虚无为场。我呼尔游，尔同我翔。"于是乎大鹏许之，欣然相随。此二禽已登于寥廓，而斥鷃之辈空见笑于藩篱。

惜余春赋

天之何为令北斗而知春兮，回指于东方。水荡漾兮碧色，兰葳蕤兮红芳。试登高而望远，极云海之微茫。魂一去兮欲断，泪流颊兮成行。吟清枫而咏沧浪，怀洞庭兮悲潇湘。何余心之缥缈兮，与春风而飘扬。飘扬兮思无垠，念佳期兮莫展。平原萋兮绮色，爱芳草兮如剪。惜余春之将阑，每为恨兮不浅。

汉之曲兮江之潭，把瑶草兮思何堪。想游女于岘北，愁帝子于湘南。恨无极兮心氲氲，目眇眇兮忧纷纷。披卫情于淇水，结楚梦于阳云。春每归兮花开，花已阑兮春改。叹长河之流春，送驰波于东海。春不留兮时已失，老衰飒兮逾疾。恨不得挂长绳于青天，系此西飞之白日。

若有人兮情相亲，去南国兮往西秦。见游丝之横路，网春辉以留人。沉吟兮哀歌，踯躅兮伤别。送行子之将远，看征鸿之稍灭。醉愁心于垂杨，随柔条以纠结。望夫君兮咨嗟，横涕泪兮怨春华。遥寄影于明月，送夫君于天涯。太白之豪气，亦游丝之愁思。古载春秋人已逝，万历千年情长存。念古人之珍别，思今朝之同学。人何以堪?

愁阳春赋

　　东风归来，见碧草而知春。荡漾惚恍，何垂杨猗旎之愁人。天光青而妍和，海气绿而芳新。野彩翠兮芊绵，云飘摇而相鲜。演漾兮夤缘，窥青苔之生泉。缥缈兮翩绵，见游丝之萦烟。魂与此兮俱断，醉风光兮凄然。
　　若乃陇水秦声，江猿巴吟。明妃玉塞，楚客枫林。试登高而望远，痛切骨而伤心。春心荡兮始波，春愁乱兮如雪。兼万情之悲欢，兹一感于芳节。
　　若有一人一作起所思兮湘水滨，隔云霓而见无因。洒别泪于尺波，寄东流于情亲。若使春光可揽而花成兮，吾欲赠天涯之佳人。

悲清秋赋

　　登九疑兮望清川，见三湘之潺湲。水流寒以归海，云横秋而蔽天。余以鸟道计于故乡兮，不知去荆吴之几千。于时西阳半规，映岛欲没。澄湖练明，遥海上月。念佳期之浩荡，渺怀燕而望越。荷花落兮江色秋，风袅袅兮夜悠悠。临穷溟以有羡，思钓鳌于沧洲。无修竿以一举，抚洪波而增忧。归去来兮，人间不可以托些，吾将采药于蓬丘。

春夜宴从弟桃花园序

夫天地者，万物之逆旅也；光阴者，百代之过客也。而浮生若梦，为欢几何？古人秉烛夜游，良有以也。况阳春召我以烟景，大块假我以文章。会桃花之芳园，序天伦之乐事。群季俊秀，皆为惠连；吾人咏歌，独惭康乐。幽赏未已，高谈转清。开琼筵以坐花，飞羽觞而醉月。不有佳咏，何伸雅怀？如诗不成，罚依金谷酒数。

凉月满天
著

李白
[狂歌走马
遍天涯]

辽宁人民出版社

ⓒ 凉月满天 2020

图书在版编目（CIP）数据

李白传：狂歌走马遍天涯/凉月满天著.—沈阳：辽宁人民出版社，2020.12
ISBN 978-7-205-09953-4

Ⅰ.①李… Ⅱ.①凉… Ⅲ.①李白（701-762）—传记 Ⅳ.①K825.6

中国版本图书馆CIP数据核字（2020）第169431号

出版发行：	辽宁人民出版社
地　址：	沈阳市和平区十一纬路25号　邮编：110003
电　话：	024-23284321（邮　购）　024-23284324（发行部）
传　真：	024-23284191（发行部）　024-23284304（办公室）
	http://www.lnpph.com.cn
印　　刷：	辽宁星海彩色印刷有限公司
幅面尺寸：	145mm×210mm
印　　张：	10
字　　数：	295千字
出版时间：	2020年12月第1版
印刷时间：	2020年12月第1次印刷
责任编辑：	高　丹
封面设计：	白砚川
责任校对：	冯　莹
书　　号：	ISBN 978-7-205-09953-4
定　　价：	48.00元

目 录

第一章 长庚入人间
第一节　女皇武则天 // 003
第二节　发蒙 // 006
第三节　试声 // 009
第四节　李白的天 // 012
第五节　君家阿那边 // 016
第六节　自来鼻上无绳索 // 019
第七节　出乡 // 023

第二章 书剑行
第一节　峨眉逢仙 // 029
第二节　拜李邕 // 034
第三节　已将书剑许明时 // 037
第四节　念天地之悠悠 // 041
第五节　峨眉山月半轮秋 // 045
第六节　我呼尔游，尔同我翔 // 049
第七节　潮打空城寂寞回 // 053

第三章 蹉跎岁月长

第一节 入赘 // 061

第二节 认罪书 // 064

第三节 山亦何罪 // 067

第四节 又出事了 // 072

第五节 斗鸡走马胜读书 // 074

第六节 终南逢玉真 // 078

第七节 无鱼良可哀 // 082

第八节 谁知尧与跖 // 086

第四章 多歧路

第一节 多歧路,今安在 // 093

第二节 不想下山,只想修仙 // 097

第三节 又失败了 // 102

第四节 醉饱无归心 // 107

第五节 与尔同销万古愁 // 111

第六节 没有读书人的样子 // 115

第七节 白发死章句 // 119

第五章 入长安

第一节 接旨 // 125

第二节 仰天大笑出门去 // 128

第三节 噫吁嚱!危乎高哉! // 131

第四节 狂客与谪仙 // 135

第五节　李谪仙醉草吓蛮书 // 138

第六节　无奈宫中妒杀人 // 142

第七节　名花新开，美人新妆 // 144

第八节　可怜飞燕倚新妆 // 148

第六章　出长安

第一节　花间一壶酒，独酌无相亲 // 155

第二节　谗巧生缁磷 // 159

第三节　长相思，在长安 // 163

第四节　太阳和月亮碰了头 // 167

第五节　千金买壁 // 171

第六节　飞扬跋扈为谁雄 // 175

第七节　一个绮丽的梦 // 180

第七章　天柱摧折不可挽

第一节　昔人已乘黄鹤去 // 187

第二节　穷兵黩武今如此 // 192

第三节　红鸾之喜 // 196

第四节　到幽州去 // 201

第五节　一腔热血喂了狗 // 206

第六节　三到长安 // 210

第七节　青云之交不可攀 // 214

第八节　弃我去者，昨日之日不可留 // 218

第八章　报国无路，囹圄有灾

第一节　渔阳鼙鼓动地来 // 227

第二节　谈笑三军却 // 231

第三节　入幕永王 // 235

第四节　永王东巡歌 // 239

第五节　附逆 // 244

第六节　有情有义的人，还是有的 // 249

第七节　二次入狱 // 253

第八节　一杯浊酒三千里 // 257

第九节　千里江陵一日还 // 261

第九章　醒不了的春三月

第一节　吊祢衡 // 267

第二节　槌碎黄鹤楼，倒却鹦鹉洲 // 271

第三节　梦李白 // 275

第四节　庆团圆，又分别 // 279

第五节　枉杀落花空自春 // 284

第六节　石门流水遍桃花 // 288

第七节　黄花笑逐臣 // 292

第八节　仲尼亡兮谁为出涕 // 296

结　语　一生失意，末路英雄 // 301

附　录　李白大事记 // 307

第一章
长庚入人间

第一节
女皇武则天

> 长白山前知世郎,纯着红罗锦背裆。横稍侵天半,轮刀耀日光。上山吃獐鹿,下山食牛羊。忽闻官军至,提剑向前荡。譬如辽东豕,斩头何所伤。

这是隋朝末年一个叫王薄的农民写的歌,歌名特别接地气,叫《无向辽东浪死歌》,也就是"别去辽东白白送死歌"。

歌词大意是:我是山东长白山前的知世郎,穿着帅气的红上衣和背带装。我手擎长槊伸到半空中啊,我的刀发出比太阳还耀眼的光芒。我上山当土匪啊,以獐鹿为食;我下山为强盗啊,专吃地主家的牛和羊。如果官兵到了,我想也不想,提刀就迎上。比起白白去辽东送死,你们就是在这里打赢了我,砍了我的脑袋又有何妨!

隋朝末年,炀帝苛酷,既使百姓不得活,又四处征战耗钱粮。大业七年(611),隋炀帝要东征高句丽,征兵数百万,"天下死于役而家伤于财",不知道有多少百姓家破人亡。这首歌就是劝大家不要去辽东替皇帝卖命。

可是如果皇帝治罪,派官兵来杀我的头,我该怎么办?

提刀就是干!

有人说这首歌煽动起了十八路反王、六十四路烟尘,像瓦岗寨起义,程咬金、秦叔宝这些人都是因听了这首歌，才造的隋王朝的反。

这话其实不对。若是政通人和，百姓有吃食、有穿戴、有家人、有活路，他就算唱一万遍、一百万遍《无向辽东浪死歌》，也休想让一个人造反。就算有人真有反心，一人呼而无一人应，他也反不起来。究其因，还是皇帝糟糕，政权崩坏，百姓没活路了，不反就只有死路一条。

之所以回顾这段历史，一因它是促生唐王朝的接生婆的一双大手，一因它与唐朝盛世形成鲜明对比，就像黑之于白、暗之于光、枯叶之于鲜花、污泥之于清水。

一番狼烟征战后，隋朝气数尽，武德元年（618），隋炀帝杨广的表兄李渊称帝，国号唐，定都长安。

武德九年（626），李世民弑兄杀弟，逼退老爹，即皇帝位。这人心狠手辣，但他的表大爷隋炀帝的殷鉴不远，他知人心如水、民动如烟，载舟覆舟的教训太深刻了，所以他特别爱百姓。

于是唐太宗李世民任用贤臣，以农为本，休养生息，靠良好的政策直接催生出贞观之治：

天下大稔，流散者咸归乡里，米斗不过三四钱，终岁断死刑才二十九人。

九州道路无豺虎。

如果你穿越到贞观之治时期，要出门旅行，不用背包袱、带旅行箱，也不用背好几串大铜钱或者拿几锭金元宝、银元宝，空着手就行。

走饿了,随便敲一户人家的门:"老乡,有吃的没?"

"有有有,进来吧,蒸饼,刚出锅的,热乎着呢。"你啊呜啊呜吃一顿,一抹嘴,继续上路。

——不给饭钱?不用不用,一斗米不过三四钱,家里多得是,吃不完。

当然,你愿意带钱上路也行,没人抢,要不怎么叫"九州道路无豺虎"呢?前脚出门,后脚大门还敞着,谁爱进谁进。家家都有钱,谁也不偷谁。

好生活啊,世界大同!

老百姓会管你是怎么上位的吗?老百姓只看你会不会让他们过上好日子。所以唐太宗李世民是一个明君,不接受反驳。

但是封建社会这点不好,家国重担全系于一人身上,就像撞大运,皇帝一个人好,带着整个国家都好;皇帝一个人不好,整个国家就都不好了。

皇帝是人,血肉之躯,会病、会老、会变,整个国家跟着他一个人发寒作热、颠三倒四——没有一个规则和规范可循,再好再强,也不能做到可持续发展。

不过,经历了三国两晋南北朝的战乱频仍、隋朝的倒行逆施,中国历史就像一个被暂时抚平了毛的刺头,不那么别别扭扭,也不那么暴烈伤人了。所以大唐国祚在他们老李家高层的动荡中,神奇地延续下来。

太宗李世民死后,高宗李治继位。老子太能干了,儿子就太不能干;儿子太不能干了,媳妇就太能干了。李治一朝,便由他老婆武则天掌权。

第二节
发蒙

　　封建社会是彻头彻尾的男权社会,再强悍的女人,也无法稳于朝堂。世人口中的"天理"将她们驱赶进闺阁内帷,成了红楼小院里的易碎物什,整个世界都在教她们怎么做人——要低头,要巧笑,要眼儿媚,要身儿如柳,要肉儿似绵,要千娇万贵,就像待价而沽的瓷瓶,从娘家挪动到婆家。至于瓷瓶乐不乐意,没人关心。

　　武则天打杀出了自己的一方天地,就算及笄前没有见过墙外天,及笄后仍然守着深院墙,她仍从夫君和儿子手中夺来了至高无上的权柄,而且一把撕下垂在面前的珠帘,堂堂正正地露出脸,让世人看看——我就是女皇武则天。

　　文明元年(684)五月二十三日,在从均州通往房州的乡间路上,摇摇晃晃地行驶着几辆马车,马车里有女皇武则天的亲儿子李显和他的老婆韦后,以及不多的随从。

　　李显被他妈妈吓得要死,他被从帝位上拉了下来,废为庐陵王,先被幽禁在宫苑,后又被流放。

　　天地苍黄,草木枯焦,李显满目哀愁。皇家无亲情,他不知道自己的娘什么时候就会派人要了他的命。

　　韦氏是在李显还是太子的时候被纳为妃的,李显当上皇帝后,她便成了皇后;李显被废,她也跟着倒霉,拖着刚生了闺女的病弱之躯,与丈夫一路跋涉。

小孩子什么也不懂，被韦氏裹在衣裳里，睡得昏天暗地。殊不知她的爹娘也处在昏天暗地之中，不知道前头等待他们的是什么。

好不容易到了房州，武则天还总是派使臣来探望李显。

使臣一来，李显就觉得是母亲要杀自己了，带着毒酒来了，带着匕首来了，带着鹤顶红来了，带着白绫来了，带着圣旨来了，哎呀，活不成了！李显要被折磨出抑郁症了！韦氏则在他身边苦劝，安他的神，定他的心，和他一同熬着。一熬就是十多年。

而在遥远的皇宫，武则天也日渐苍老，她开始想念她的孩子。朝中老臣狄仁杰、吉顼、李昭德这些人，也都劝她多想想自己的儿子，不要总想着皇位江山。当皇帝的瘾头过了，也该让贤了。

狄仁杰不知道，武则天已经把李显夫妇接回来了。当狄仁杰为锦绣江山在武则天百年后是继续姓武，还是回归李姓慷慨陈词、泪流满面的时候，武则天叹了一口气，招手命人将李显从帐子后面唤了出来。看着被吓得哆哆嗦嗦、一点男人样都没有的儿子，她更是深深地叹了一口气。

武则天将李显推到狄仁杰面前："还你储君。"

狄仁杰抬头一看，李显已苍老憔悴，不复当初的青年模样，不由得失声痛哭，下跪行礼，恳求武则天不要再让她的儿子、未来的大唐国主躲躲藏藏，尽失体面。

风光一世的武则天想起自己的四个儿子：

长子李弘，二十三岁时薨逝于太子位；

次子李贤，先被废为庶人流放，后于二十九岁时被她逼迫自尽身亡；

老三李显在高宗李治去世后即位，却被她拉下宝座囚禁流放；

最小的儿子李旦被她扶上帝位,其实不过是个傀儡——他知道母亲心系何处,干脆让出帝位。

虽然吃的是玉食,着的是锦衣,住的是宫殿,但身边没有可心的人,膝下没有亲儿热女,心也是慌的,如寒冰覆着枯草,如只身漂泊海上,无处着力,无土可依。

反正二儿子死后,她没有杀第三子和第四子。

如今,看着李显,武则天第三次叹出一口长气。罢了,再怎么不争气,也是自己的亲儿子,是文武百官盼望着的李家天子。她下令,从龙门隆重地迎接李显回宫,算是给天下人的一个信号。

神龙元年(705),以张柬之为首的大臣发动政变,诛杀武则天的男宠张易之、张昌宗,包围集仙殿。武则天被逼退位,李显二度登基。

这一年,李白五岁,还是一个发蒙读书的小孩子,读的是《六甲灵飞经》。

《六甲灵飞经》是道教经典,载体是小楷,无比端秀——唐朝以道教为国教,小孩学道经,没毛病。

第三节
试声

李显二度登基,是为唐中宗。

韦后苦尽甘来。

大概是受苦受得太久,享乐时就不晓得节制了。吃呀!喝呀!玩呀!乐呀!大家一起快活呀!

同官县下特大雨雹,被淹农家四百余户,许多燕雀被砸死。到了冬天,受灾百姓无衣无食,皇帝却带着皇后跑到东都洛阳,上南门楼看泼寒胡戏。

天气严寒,北风凛冽,胡人裸身挥水,哼哼哈哈地一通乱舞。中宗和韦后穿轻裘,拢手炉,身边有金奴银婢伺候,一边看一边哈哈笑。

神龙三年(707)三月,自京师至山东发生瘟疫,死者不计其数;同年夏季,山东、河北二十多州又发生旱灾,饿死、病死者数千人。皇帝和皇后却怀念起乡野生活,命官人开办集市,令百官公卿扮作商人前往交易。因买卖不公,大臣和官人互相辱骂,他们看得哈哈大笑。

元宵节时,这两口子又脱下龙袍凤袍,装扮成普通百姓的模样,带着大臣跑到街上看花灯。韦后还建议中宗放几千名宫女出宫看灯,结果有一半多的宫女逃走了。

他们还看拔河,游宴桃花园,游赏樱桃园,划船。

中宗落魄的时候,韦后陪着他,安慰他;中宗重登帝位,他只想对她好。只要她高兴,想怎么着就怎么着。

可是韦后居然和武则天的侄子，也就是中宗的表哥武三思搞暧昧，还让中宗任命其为宰相。武三思把持朝政后，流放了反对他的大臣。流放还不够，还要将其杀掉。他嚣张地说："我不知道什么是好人，什么是坏人，只要和我好的，就是好人。"

那个被裹在衣服里的小女孩，如今是安乐公主——因没有襁褓，只好用衣裳随便一裹，所以小名叫"裹儿"。

中宗受过苦，所以格外看重亲情，对女儿是百依百顺、百求百应。裹儿写下诏书，将上边遮住，不让中宗看，直接盖印，中宗也笑嘻嘻地照办。

裹儿恨太子李重俊，因为太子不是韦氏所生，她觉得他没有资格承继帝位，便让中宗立自己为皇太女，顶替李重俊。大臣表示反对，她骂人家是傻瓜，说他们没资格议论国家大事，"阿武子（宫中对武则天的称呼）都可以做天子，天子的女儿为什么不能当皇帝？"

李重俊可不能再坐视不理了，神龙三年（707），他杀掉了武三思全家。其实他是想杀安乐公主和韦后的，但寡不敌众，只好出逃，最后被部下谋害。

这么一来，安乐公主和韦后更加肆无忌惮了。中宗临朝听政，韦后也要上朝，坐在帘子后面训示。

大臣上书，指斥韦后干政、安乐公主害国，结果这个人还没走出朝门就被韦后派人活活摔死了。

这对母女还在蒸饼中下毒，给中宗吃。

中宗竭尽全力宠的妻女，合谋害死了他。

此后，韦后更是紧锣密鼓地筹备，欲效法武皇。

此时，武则天的小儿子——相王李旦还活着，武则天的小女儿太平公主也活着。

李旦的儿子就是李隆基,他可不是吃素的。

唐隆元年(710)六月庚子,李隆基发动政变。韦后逃入飞骑营,被一个飞骑兵斩首。

安乐公主正对着镜子画眉时,被士兵斩杀。

韦氏集团覆灭。

李旦复辟,是为唐睿宗,李隆基被立为太子。

太平公主的权势也更大了。

这时,李白已长成小小少年。一天,他的父亲李客与人喝酒,客人逗李白,让他作诗一首,他张口就来:

雨打灯难灭,风吹色更明。

若飞天上去,定作月边星。

——《咏萤火》

这算是一代诗仙的首次开喉试声。

这可把李客骄傲坏了,他把儿子作的诗挂在梁上,谁来了都跟谁夸一通——这个浑小子平时好拿一把木头剑打打杀杀,玩得灰头土脸的,没想到居然有这等诗才,我老李家光耀门楣有望啊!

当然,李白也得了不少好处,他的木头剑被换成了不开刃的铁剑——铁剑多贵啊!他耍起来更威风了。

第四节
李白的天

唐睿宗的日子也不好过啊!

母亲榜样的力量是无穷的,太平公主也想当女皇帝。

王侯将相,宁有种乎?

王侯将相,分男女乎?

李隆基"造反",太平公主积极参与,因功大而晋封万户,一时之间,权倾朝野,万民仰望。

李旦对他这个小妹妹很是倚重,朝廷的大政方针都要与她商量。有时候她没上朝,李旦还要派人问问她朝中事务该怎么办。

宰相奏事的时候,李旦要问:"这件事与太平公主商量过吗?"还要问:"与三郎商量过吗?"三郎就是皇太子李隆基——李隆基做了皇帝后,杨玉环还是唤他三郎。

妹妹同意了,儿子同意了,李旦才点头同意。

他已经被武则天打压得锋芒尽去,一点自信都没有了。他的皇位,是儿子和妹妹替他争来的、抢来的。

妹妹和儿子这对姑侄,在私底下已经打得不可开交。

太平公主命人散布流言,说太子并非皇帝的嫡长子,因此不应当被立为太子。

李隆基吃什么，喝什么，穿什么衣，见什么人，说什么话，做什么事，都被太平公主的人监视着。哪怕有细微不妥，也会被告到御前。

太平公主乘辇车在光范门拦住宰相，暗示他们应当改立太子。宰相都是不怕死的，宋璟大声质问："太子为大唐社稷立下了汗马功劳，是宗庙社稷未来的主人，公主为什么突然提出这样的建议？"

李旦怎么办？他也很为难哪。

先天元年（712）八月，李旦传位李隆基，退为太上皇。他想：儿子成了皇帝，妹妹就该死心了吧，不会再争了吧？唉，真麻烦。

就在这一年，河南巩县境内，笔架山下，瑶湾村里，诞生了一个小小子。

姓杜，名甫，字子美。

这个小小子白白胖胖，谁见了都要说几句奉承话。他满月的时候收获了一堆小金手镯、小银铃铛、虎头帽、鹿皮斗篷。

他们家世代为官，往上可以追溯到西晋——他的第十三世祖杜预是西晋有名的将领，文武兼备。

他的爷爷杜审言和李峤、崔融、苏味道合称"文章四友"，武则天欣赏其文才，将他召入京师授官。虽然曾因与张易之兄弟交往被流放，但不久后又被召回，任国子监主簿、修文馆直学士。

杜甫出生的时候，他的爷爷已经去世四年了，但是家底还有。天家龙虎争斗，不碍凡人细碎的生之喜悦，如同碎金流荡在岁月的河面上。

太平公主穿粗麻布丧服，神色冷淡地看着奴仆们忙得团团转：撤陈设，挂孝幔，安排各色执事。

她的丈夫武攸暨死了。

病死的。挺好，是他的福气。

她又孤身一人了。

她想要好的夫君，好的夫君被饿死了——她的前夫薛绍因哥哥薛𫖮参与谋反被牵连，饿死狱中；她想要好的家庭，却日日行走在刀尖之上。就算吃的是珍馐美味，床上有面首让她高兴，她的心里仍又空又冷。

她恨哥哥软弱，怎么这么容易就让了位。

你做不到的事，我来。

不就是废一个侄子吗？想当年，母亲连自己的儿子都杀，废黜皇帝更是家常便饭。

前朝，文臣武将中有她的死忠粉；后宫，李隆基身边有她的暗棋。前朝后宫一起发力，不信拉不下、弄不死这个浑小子。

李隆基也下手了。

你的死忠粉再多，有我的多吗？你布在我身边的暗棋，有我布在你身边的暗棋多吗？

一夕发动，太平公主的羽翼被剪除得干干净净。

高力士也是这次事件中的功臣。

太平公主逃入山寺，被李隆基下诏赐死。

因她的儿子薛崇简平时就不同意太平公主这么干，劝她还被她揍过，所以免死，赐姓李，留任原职。

不过，皇家的人杀来杀去，与李白又有何干？

这些都是他人生的背景板。

没有大唐国运的上下起伏，就没有李白游走人间的经纬线。

李隆基是个狠人，他是李白生活的时代的天。

他任用姚崇为相，废苛法，施仁政，励精图治。反正好皇帝咋样，他就咋样。

他还干过生嚼蚂蚱的事。有一年闹蝗灾，大臣让他沐浴更衣，向天请罪。他说又不是因为他不洗澡把蝗虫招来的，走，去地里看看。

结果到地里一看，铺天盖地的蝗虫啊！

得，他拿起一只就生嚼了，还说："尔食朕百姓五谷，如食朕之肺腑。"可怜那蝗虫的腿儿还在他嘴边颤悠颤悠的。

这可把文武百官和老百姓感动坏了，所以虽然闹着灾，老百姓饿着肚子，也没人反朝廷。

在李隆基统治前期，政治清明，国家强盛，经济空前繁荣，史称"开元之治"或"开元盛世"。

第五节
君家阿那边

如果说李白的背景板是大唐盛世,那么他的框架就是他的家乡。

人生在世,无非就是要回答几个问题:从哪儿来,到哪儿去,干什么,得了什么结果,成了什么人。

就像他在《相逢行》中写的:

相逢红尘内,高揖黄金鞭。
万户垂杨里,君家阿那边?

在李白的印象中,他的家乡静谧少人烟,有儿童横卧牛背吹笛,月上东窗,梅花落地一声铿锵。

长大了,走出去,再回看,宛如看大型的奇诡魔幻现场:

噫吁嚱,危乎高哉!蜀道之难,难于上青天!蚕丛及鱼凫,开国何茫然!尔来四万八千岁,不与秦塞通人烟。西当太白有鸟道,可以横绝峨眉巅。地崩山摧壮士死,然后天梯石栈相钩连。上有六龙回日之高标,下有冲波逆折之回川。黄鹤之飞尚不得过,猿猱欲度愁攀援。青泥何盘盘,百步九折萦岩峦。扪参历井仰胁息,以手抚膺坐长叹。

问君西游何时还?畏途巉岩不可攀。但见悲鸟号古木,雄飞雌从绕林间。又闻子规啼夜月,愁空山。蜀道之难,难于上青天,使人听此凋朱颜!连峰去天不盈尺,枯松倒挂倚绝壁。飞湍瀑流争喧豗,砯崖转石万壑雷。其险也如此,嗟尔远道之人胡为乎来哉!

剑阁峥嵘而崔嵬,一夫当关,万夫莫开。所守或匪亲,化为狼与豺。朝避猛虎,夕避长蛇;磨牙吮血,杀人如麻。锦城虽云乐,不如早还家。蜀道之难,难于上青天,侧身西望长咨嗟!

——《蜀道难》

没有游戏和网络,没有戏剧和电影,那又怎样?

至少有李白。

大家正喝着酒,吃着饭,忽然一个人疯子般暴喝一声:"噫吁嚱!"那不得吓人一跳?然后大江奔流,滔滔不绝,随着他的诗篇,一幅惊人的画卷在人们面前展开:

曲折险峻的蜀道,遥远的蚕丛和鱼凫的传说,与世隔绝的境地,人为开路的壮烈与奇险。飞鸟都飞不过去啊,灵活的猿猴也无处攀缘,没有一步是平的,走一百步得转九个山弯弯。走啊走啊,一直走到能够手摸星辰,累惨了,也吓得够呛,只好一屁股坐下抚着胸膛长叹。

叹什么呢?我的好朋友啊,你说你西游什么时候才回还?为什么非得去那么个地方?难道你不知道那里什么样?那里有叫声悲切的鸟,有啼血的子规在月夜下哀鸣,整个山都被它们叫得空空的,既凄清又瘆人。

——这一幕,对于正对坐而饮、欢聚一堂的人来说,简直不可想象。

他继续吓唬人:蜀道就是这么难行,像上青天一样,你听到这些难道不会脸色突变?好,你再看——山峰座座相连,离天不到一尺;枯松老枝倒挂,倚贴在绝壁之间。漩涡飞转、瀑布飞泻,争相喧闹着;水石相击,声音像万壑鸣雷。哎呀呀，你这个远方而来的客人，怎么就是不肯听我的劝，一定要来这么险要的地方？

剑阁那地方崇峻巍峨、高入云端，只要有一人把守，千军万马也难攻占。驻守的官员若不是自己的亲信，难免要变为豺狼，踞此为非造反。清晨，你要提心吊胆地躲避猛虎；傍晚，你要警觉防范长蛇。豺狼虎豹磨牙吮血，真叫人不安；毒蛇猛兽杀人如麻，即令你胆寒。锦官城虽然说是个快乐的所在，但环境如此险恶，不如早早把家还。蜀道太难走啊，难于上青天；侧身西望，令人不免感慨与长叹！

这是什么样的脑回路，想象出了什么样的奇诡天地！大家听得入了迷，嘴巴大张着，酒淅淅沥沥，洒一桌子。

而这蜀道围拱的地方，就是李白的家乡。

长安元年（701），李白降生。扶桑日出，铺开流光万丈，天地间一片金黄。

李客抱着头生子，觉得耳边似有纶音，又有鸟鸣花唱。

先祖罪徙西域，天风浩浩，贫不生草，如今是该想办法回故乡了。

他要让孩子在故国长大，那里有山川河流，有四时赏不尽的景和看不完的花，不像这里，有的只是大如斗的石和落不完的沙。

就这样，李客带着妻子和幼子，偷偷摸摸地潜回。他们不敢在人烟密集的地方安身，便来到了地势险僻、天高皇帝远的蜀地——绵州昌隆，也就是如今的江油青莲乡定居下来。

李白的父亲李客本来不叫李客，因要隐姓埋名，才起了这么个名字。对于西域来说，他是姓李的外乡人；对于昌隆来说，他也是个姓李的外乡人。

骨子里的两头漂泊，像基因密码一样传递给了李白，让他一辈子都风行水上。

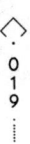

第六节
自来鼻上无绳索

李客对儿子的教育抓得相当紧,李白很小的时候就要背诵《子虚赋》。

家里养着牛,李白常牵牛吃草,从堂下过。父亲在堂前忙碌,抬头看看,笑着说:"我儿真是牵牛星。"

野外草木丰茂,泥地里半埋着一块石头,模样像头牛。李白就作《咏石牛》:

此石巍巍活像牛,埋藏是地数千秋。
风吹遍体无毛动,雨滴浑身有汗流。
芳草齐眉弗入口,牧童扳角不回头。
自来鼻上无绳索,天地为栏夜不收。

句意浅显,可这"天地为栏夜不收"一句,大气。

这个娃,有才。文才也有,武才也好,既会作诗赋,又会拿剑瞎比画,他的老父亲老母亲,甚感欣慰。

可是,"刑家之子,工商殊类不预",《唐六典》中明确规定罪人之子和商人之子严禁参加科举考试。不能参加科举考试,就没有正经工作,李白的老父亲老母亲跟人谈起来,只能说我儿聪明,我儿会作诗,我儿受欢迎,不能说我儿在哪儿当官,一个月赚多少多少钱……

当然,现在还考虑不到这些,李白正在院里院外欢蹦乱跳,屁股好像扎了钉子。

李客对正缝补衣裳的妻子说:"看看儿子,怎么都稳不下来。"

妻子看了窗外的儿子一眼,低头一笑:"不怕,我儿将来有大出息。"

她之所以这么有底气,是因为在生李白前,夜梦长庚入怀。

长庚星,启明星。启明星入怀啊,我儿是天上星辰。

你以为李白的名字是怎么来的?长庚星,就是太白金星,所以他字太白。

"儿子,进来。"李客扬声对窗外喊。

"欸!"李白嗵嗵嗵地跑了进来,脸上还带着汗。

"给我背背《子虚赋》。"

"楚使子虚使于齐,王悉发车骑,与使者出田。田罢,子虚过妊乌有先生,亡是公在焉。坐定,乌有先生问曰:'今日田乐乎?'子虚曰:'乐。''获多乎?'曰:'少。''然则何乐?'对曰:'仆乐齐王之欲夸仆以车骑之众,而仆对以云梦之事也。'曰:'可得闻乎?'……"李白张口就来。

"呵呵,去吧,去吧。"李客笑,妻子也笑:"我就说没事吧,你看,他的功课好着呢。"

多年以后,李白还能记起《子虚赋》。

李白像一只小青萝卜头,一点一点地拱土出来,摇晃着嫩缨子,开始往高长。

嘴里念着诗书,手里抡着剑。

男孩子嘛,冲冲杀杀是梦想,李白不文弱。

唐朝是尚武的，女孩子尚且丰肥、不娇弱，更何况男人。

而且那时候边境不靖，想要马上取功业的人不少，文弱了可不行。

李白在门外一边舞着没开刃的剑，一边大声叫唤："北冥有鱼，其名为鲲。鲲之大，不知其几千里也。化而为鸟，其名为鹏。鹏之背，不知其几千里也。怒而飞，其翼若垂天之云。……"

缝补衣裳的母亲咬断了线，抬头说："该让儿子正儿八经地拜师了。"

"可不是。"李客若有所思，"回头我就准备束脩，送他去匡山。"

江油西北有大匡山和小匡山，大匡山上有赵蕤。

赵蕤是道家、纵横家、《长短经》的作者，生于开元盛世，一肚皮的纵横之气。但唐王朝一家独大，他有本事无处使，又不愿意求取功名，干脆"夫妇隐操，不应辟召"。

唐朝崇尚道教，唐玄宗朝他抛了好几次媚眼，他都不理。

李白赶时髦，深受当时崇道思想的影响，没事也爱修个道。所以他跟赵蕤特别投缘，学得也尽心。

帝王术也学，纵横术也学，学《长短经》学得特别好。

《长短经》又称《反经》，讲的是"量才、知人、察相、论士、政体、君德、臣行、德表、理乱、反经、是非、适变、霸图"之类的事，治军、治国、布阵、打仗，包罗万象。

一看就知道是出仕之道。

虽然学得尽心，逃学也是必要的。

  犬吠水声中，桃花带露浓。

树深时见鹿，溪午不闻钟。

野竹分青霭，飞泉挂碧峰。

无人知所去，愁倚两三松。

——《访戴天山道士不遇》

年纪轻轻的，他知道什么是愁？不过是因逃课找道士玩，却没找着人。

小孩子坐不住，总想往外跑。

更小的时候，在家学习时也有这毛病，结果遇见一个在水边磨铁棒槌的老婆婆，就是有名的"只要功夫深，铁杵磨成针"。

这个故事最早见于南宋时成书的《方舆胜览》，不是真事，只是名人身后的光环，一个励志故事，或者说励志传说。

不过有一件事是真的。他真的跑到江油尉厅，大约就是江油的公安局，在人家墙上写"五色神仙尉，焚香读道经"。

第七节
出乡

  不仅读道经,李白也学了"霸道"和"强国之政",他自觉"怀经济之才,抗巢由之节;文可以变风俗,学可以究天人",便收拾收拾回家了。
  "阿爷,阿娘,我想出门看看。"
  李客看着他:"行吧,去吧。"
  阿娘也看着他:"那你小心点。"
  李客笑着打断了妻子的话:"有什么小心不小心的,没事。"
  也是,那可是大唐啊!
  风烟起,卷万里,马蹄踏,大唐土。
  它的子民,走到哪里都不怕。
  所以说大唐兴"壮游"。
  孩子长成后,不出门游历一番,都不好意思见人。
  走得近了,也不好意思见人。

  开元八年(720),唐玄宗三十六岁,杨玉环还是婴儿。
  这是一个皇帝的最好年华,不幼稚,不昏聩,精明,宽容,雄心万丈。
  宋璟和苏颋给他当宰相。
  前一年,玄宗没跟人商量,写了张条子,任命自己当藩王时的老部下王仁琛为五品官员——王仁琛原来是七品县令。

宋璟不干了，上奏说，王仁琛因为这层私人关系，已经在很好的位置了，如今又破格提拔，这让和他同等资历的人怎么想？再说了，王仁琛是皇后一族，大家会议论的！所以，这事得交给吏部核查，按照规定，王仁琛应该当几品官，就让他当几品官。

玄宗依了。

以前，来自各州的朝集使会带好多的礼物进京送人情，等到来年开春回去时，他们中的大多数都得到了升迁。结果宋璟奏请玄宗，将这些人一律按原职遣还。这么一来，靠请客送礼升官的弊端就革除了。

像这样的事还有好多。

直臣碰上明君，国运就像春雨密密下，牡丹花开一层层。

这一年，大唐册立了乌苌、骨咄、俱位三位国王。这三个国家都在帕米尔附近，不受大食利诱，坚决不肯叛唐。

这一年，大唐北境的突厥遣使求和，向大唐进贡，并且求婚。唐玄宗收了他们的礼物，厚待了他们的使者，至于求婚？不行，瞧不上。

这一年，契丹大臣可突干废主另立，遣使赴唐请罪。玄宗赦其罪。

这一年，洛阳附近瀍、谷二水涨溢，淹没九百余户，溺死者八百有余。洪水无情，生民无辜。

人类弱小，几十年如云烟、如弹指，大家殊途同归，好像生出来就是在时刻准备着去死。

可是，人总得热热闹闹地活一场，就像花儿一定要开放，就如李白。

这一年，李白注定要出乡。

他到了成都。

这里是益阳首府,也是剑南道大都督府所在地,正南有峨眉山,岷江蜿蜒流过。山环水绕,山屏水峙,蜀山夜色,古刹钟鸣。城中百姓闲逸,丝竹声声。

第一次出远门的李白,到这里不远不近,刚刚好。

李白是春天到的成都,他去了司马相如的琴台,到过扬雄的故宅,还写下了《登锦城散花楼》:

> 日照锦城头,朝光散花楼。
> 金窗夹绣户,珠箔悬银钩。
> 飞梯绿云中,极目散我忧。
> 暮雨向三峡,春江绕双流。
> 今来一登望,如上九天游。

成都就是一个大型淘宝中心,它与凤翔、京兆、河南、太原并称为"五京"——成都是南京。这里有蚕市、药市、七宝市、草市。

从唐高宗时期开始,成都每年春天都会在乾元观、龙兴观和至真观举办蚕市。

蚕市,顾名思义,就是交易与桑蚕相关货品的集市。周边县市,男男女女,老老少少,都来玩,求神拜佛呀,吃小吃呀,逛庙会呀,看杂耍玩意儿啊,买绸缎啊。

李白没事就在街上乱逛,这里卖什么的都有:苜蓿、菠菜、芸薹、胡瓜、胡豆、胡蒜、胡荽;葡萄、扁桃、西瓜、安石榴;胡椒、砂糖。饭铺食肆也多,乳酪、胡饼、羌煮貊炙、胡烧肉、胡羹都有。葡萄酒也有,李白很爱喝。胡姬当垆,高鼻深目,身着异服,李白也喜欢看。

热闹是真的热闹,李白是真的喜欢这里。

九天开出一成都，万户千门入画图。

草树云山如锦绣，秦川得及此间无。

这是李白所写《上皇西巡南京歌》十首中的一首——成都是九天开出来的，万户千门都入了画，就像一张锦绣，草树云山都绣了上去，八百里秦川，能比得过这里吗？

李白还专门跑到了有"川西第一道观"之称的青羊肆，这里供奉三清。李白卸下佩剑，稽首作礼。

他要干大事了，希望天尊保佑。

第二章 书剑行

第一节
峨眉逢仙

因为没有参加科举考试的资格,李白需要干谒,即想办法与达官贵人搭上线,奉上诗文,让贵人知道自己是有才华的。如果入了贵人的眼,就可以被推荐做官。

孟浩然《望洞庭湖赠张丞相》,就是典型的干谒诗:

> 八月湖水平,涵虚混太清。
> 气蒸云梦泽,波撼岳阳城。
> 欲济无舟楫,端居耻圣明。
> 坐观垂钓者,徒有羡鱼情。

八月,洞庭湖水暴涨,几与岸平,波涛汹涌,似乎能撼动岳阳城。我想要渡湖,却找不到船只,在圣明时代闲居委实愧对明君。闲观垂钓之人,只能空怀羡鱼之情。

什么意思?就是张丞相啊,你们钓鱼,我也想钓啊,帮我在湖边找一个位子吧,哪怕是坐小马扎呢。

所以,达官贵人也好烦哪。那么多人给自己送诗、送文章、投帖,请求自己赏脸。哪有那么多脸赏呢?

李白这次干谒的目标,是刚被贬到成都做益州长史的苏颋苏大人。

苏颋是著名文士,与燕国公张说齐名,并称"燕许大手笔"。他任相四年,以礼部尚书罢相,后出任益州长史。

就是为了他,李白才来的成都。

苏颋的车驾离成都还有十里路时,就被许多人迎住。

有早来驿站迎接的下属,也有寻机投刺名帖的寒门士子。苏颋下令歇马,众人纷纷围拢过来。

李白把早就准备好的名帖双手奉给苏大人的随从,又挤到前面,向苏大人献他写的《明堂赋》和《大猎赋》。

两篇赋都很长,洋洋洒洒。苏颋被贬之后心情灰暗,如今倒好了一些,匆匆浏览一遍,夸他:"此子天才英丽,下笔不休,虽风力未成,且见专车之骨。若广之以学,可以相如比肩也。"并将两篇赋递给随从,"收好,回头提醒我给皇上写荐才疏的时候把他添上。"

李白高高兴兴地回了客栈,在院子里舞了一套剑法。

客栈主人问他:"小公子,有什么高兴事吗?"

"店家,你等着吧,小公子我以后要是做了大官,回来给你题匾。"李白哈哈一笑,上街喝酒去了。

但是,也不知道怎么回事,他在客栈里住了很久,盘缠都花掉了一半,也没有等来好消息。他去苏颋的官署拜访,连门都没有进去,看门的一句"苏大人在忙",就把他打发了。

据《北梦琐言》记载,苏颋拟《荐西蜀人才疏》时,确实把李白的名字写上了,还写上了李白的老师赵蕤的名字,他夸这对师徒"赵蕤术数,李白文章"。

可不知因为什么，这份奏疏没有呈上去。

李白去了峨眉山散心。

峨眉山是道教名山，被公认为是神仙居住的"第七洞天"。

凡尘俗世一百年，何如修成不老仙。李白对于修仙的兴趣一向浓厚，岂能不到峨眉山。

　　蜀国多仙山，峨眉邈难匹。
　　周流试登览，绝怪安可悉？
　　青冥倚天开，彩错疑画出。
　　泠然紫霞赏，果得锦囊术。
　　云间吟琼箫，石上弄宝瑟。
　　平生有微尚，欢笑自此毕。
　　烟容如在颜，尘累忽相失。
　　倘逢骑羊子，携手凌白日。
　　　　　　　　——《登峨眉山》

猛夸了峨眉山的风景后，李白表达了自己的愿望：平素就想修道学仙，倘若遇上仙人骑羊子，就与他携手凌跨白日。

他算是无师自通地开启了新套路：世路一不好走，就想走仙路；凡心一受挫折，就生求道心。

在山上走走看看，李白遇到一人，穿麻布道衣，拿着锄头在挖菖蒲。那人偶一抬头，年纪轻轻，面容平静，眼中似有一泓清水，倒映日精月华。

不知道哪里来的一阵冲动，李白跑到人家面前，拱手道："见过仙长。"

对方也拱拱手，然后挎着盛菖蒲的篮子走了，衣袂拂过路边野花，前方远处有一座道观。

李白远远地看着，觉得他是真仙人。

不知不觉间，天黑了。李白下了山。

他的心里总是放不下，于是过了两天又上了山，这次直奔道观，想着说不定能够碰上那个人。

抬手敲敲门，没人应。

他一推，吱呀一声，门开了。

"有人吗？"一边扬声说话，一边走了进去。

道观正殿中供奉三清，供人住的居室很小，只一床一桌。桌上一盏油灯，纸笔经卷铺陈，旁边摆着一盆菖蒲——一看就是个好学者，不然不会为了避免看书时油灯熏眼，挖了一盆菖蒲摆桌上。

李白心中怅然，磨墨提笔，写了两句诗在纸上。

道人有事出去了几天，回来就看见这两句诗，只觉眼前一亮。

诗后附着李白的住址——他就住在峨眉山下的一间小客栈里。

于是，道人来不及休息，放下行李，转身就下山去找李白了。

可是这次轮到他找不着李白了，李白还在山上转悠呢。

李白很喜欢在山林里转，吸天地灵气，赏满山秀色，舒胸中郁气，寻无上道心。

于是道人请店家转告，就说有一个叫元丹丘的人来访。

二人终于见了面。

李白这才知道，元丹丘是将门之后，饱读诗书，虽中举却厌弃做官，于是四处游历，此次来峨眉山问道不久。

　　二人于是一见如故，山间流水，紫树青烟，交游二十二年。

第二节
拜李邕

游罢峨眉游青城,青城更是神仙乡,据说张道陵就是在青城山羽化登仙的。对这两座山,李白心仪已久,岂能不来看看。

> 茫茫南与北,道直事难谐。
> 榆荚钱生树,杨花玉糁街。
> 尘萦游子面,蝶弄美人钗。
> 却忆青山上,云门掩竹斋。
> ——《春感》

向南向北都世路茫茫,我道太直,想追求的目标没有希望。明明是春天,我却如此颓丧,只见榆钱树上挂满,杨花飘落街道。我的脸上满是灰尘,羡慕蝴蝶落在美人玉钗之上。想起青城山上,有云门掩闭的竹斋,远离尘世,住在那里的人心思安详。

他觉得把鼻子碰扁了,眼眶碰酸了,身后高高扬起的尾巴碰耷拉了,写首诗都写得垂头丧气。

但是,他又抬起眼睛,眼神如同攫食饿虎般发光。

此道不谐,就找别的道。

李白是有计划的。如果干谒苏颋不成,他就干谒李邕。

李邕是渝州刺史。

渝州就是现在的重庆,古时候的巴国;成都则是益州,古时候的蜀国。"巴蜀"的叫法就是这样来的。

渝州是山城,是雾都,是火炉,开窗可俯瞰嘉陵江,对岸可遥望海棠溪。湖光山色,悦目赏心。

在李白心中,李邕是天王级巨星,诗文写得好,还是大书法家,传说有万人捧金帛以求。李邕年少成名,被召为左拾遗,曾任户部员外郎、括州刺史、北海太守,人称"李北海"。

——有钱、有权、有才、有名,还心黑、手狠,是隐藏的黑社会大佬。

李邕任海州刺史时,遇一行五百人的日本遣唐使团乘坐十条大船,载着无数金银珠宝,从海州,也就是今天的江苏连云港上岸。

李邕出面做了隆重接待——当天夜里,他趁日本使团在客栈休息时,派人把船上的金银珠宝搬到府中,又把十条大船全部凿沉海底。

然后他对使团首领说,风把船吹跑了。金银财宝?当然也吹跑咯。

"那我们怎么回家?"

"好办,"李邕说,"我给你们造船,派人护送你们回家。"

日本船队返航前,李邕对水手们说:"日本离大唐海路遥远,一去一回,时间太长,海上风险又多,出点闪失也正常,只要大家能安全归来就好,可便宜行事,绝不追究。"

这什么意思?

大家都不是傻子。水手们趁月黑风高,将五百名日本使者全部杀掉沉海,然后掉头回来了。

李邕是缺钱吗?

似乎是。

他愿意结交名士,史载"邕素负美名,频被贬斥,皆以邕能文养士",结友、交游,开销巨大,而工资不足用,他得想办法给自己开财路。

李白对李邕寄予厚望,觉得这么一个为了结交士人而散尽千金,又身负才华的人,怎么能不与自己同气连枝、守望相助呢?

所以,他投刺的时候,信心满满,并奉上了自己精心准备的行卷。

投刺者为了推销自己,将自己作的诗文制成卷轴,呈送给位高权重者,以求获得推荐,这就是行卷。

但是,李白忘了,李邕是拥有上帝视角的人。

所谓上帝视角,就是居于高位,俯瞰脚下,芸芸众生在他眼中如蚂蚁。他有耐心的时候,可以拎出一只个头儿大一些或者黑亮一点的蚂蚁特别关注一下;他没耐心的时候,任凭蚂蚁喊破喉咙也没用。

李白风尘仆仆地赶到渝州,一安顿下来就去拜谒李邕。当然,他连李邕的面儿都没见着。

看大门的掂着李白给的不算少的两串通宝,想了想,还是把他的行卷投进了李邕必看的那个篮筐里。

一大筐行卷,李邕打开随便看看,点了几个人名,说:"明儿让他们来见我。"其中就有李白。

李白接到通知后,一晚上没睡好,盘算着见李大人时说什么话,拿什么姿态,怎么给他留下好而鲜明的印象。

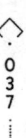

第三节
已将书剑许明时

李白早早就到了,和几个人坐在门房里的长板凳上,等着被传叫。他的心跳得有点快,扑通扑通的。

"稳住,稳住。"他在凳子上扭了扭,把胸口抚一抚。

轮到李白了,他整整衣衫,昂然而入。

到了李邕面前,李白躬身作揖:"见过李大人。"

李邕摆摆手:"免礼,坐。"

李邕的兴致缺缺,满脑子都是正在赶写的《修孔子庙堂碑》。眼下,这个傻小子却像苍蝇似的,在自己耳边滔滔不绝、高谈阔论,嗡嗡嗡。看他那神采飞扬的劲儿,李邕想起李白在行卷中写下的《巴女词》:

巴水急如箭,巴船去若飞。十月三千里,郎行几岁归?

也一般般嘛。

"白今生无所求,只愿济苍生,扶社稷,不负明主,不负明公。我有治国一十二策,愿明公闻其详……"

"先这样吧。"李邕站起来。

李白猝然住嘴,脸涨成了紫茄子,他摸不准是哪句话触了李邕的逆鳞。

"年轻人要踏实做学问,不要好高骛远。来人,送客。"

一个姓宇文的小吏上来,要带李白下去。李白坐在那里,呆若木鸡,还没反应过来。

李邕早没了影子。

"请吧,李公子。"宇文催他起身,手里拿着一点盘缠,和一份渝州特产的桃竹书简,这是官府定制的用来打发投刺学子的物件。

李白气死了,抡起笔在书简上作诗一首:

> 大鹏一日同风起,扶摇直上九万里。
> 假令风歇时下来,犹能簸却沧溟水。
> 世人见我恒殊调,闻余大言皆冷笑。
> 宣父犹能畏后生,丈夫未可轻年少。
> ——《上李邕》

大鹏总有一天会和风飞起,即使风停了,也能扬起江河水。世间人听到我的豪言壮语都冷笑,孔子还说过:"后生可畏也,焉知来者之不如今也。"不要轻视少年人!

好难过。

什么时候才能大展身手呢?什么时候才能成仙得道呢?什么时候才能不这么迷茫、不这么辛苦呢?

现实实在是让人太无力了。

李白灰溜溜地回了匡山。

> 未洗染尘缨,归来芳草平。
> 一条藤径绿,万点雪峰晴。

地冷叶先尽,谷寒云不行。
嫩篁侵舍密,古树倒江横。
白犬离村吠,苍苔壁上生。
穿厨孤雉过,临屋旧猿鸣。
木落禽巢在,篱疏兽路成。
拂床苍鼠走,倒箧素鱼惊。
洗砚修良策,敲松拟素贞。
此时重一去,去合到三清。
——《冬日归旧山》

时值寒冬,地冷谷寒,万点雪峰在阳光下闪烁;爬满青藤的山间小路,依然充满生机。由于离居时久,居所荒凉破败。罢了,还是重新振作,发愤读书吧,以求闻达于当世,实现自己的远大抱负。

这时候的李白,还担不起诗仙的名头。他还太年轻。

不过他的才名也有了。广汉太守还专门来看过他,还想荐他应有道科。

"有道"是当时科举制度中的一科,源自汉代的荐举制度,有道德、有才的人可以被举荐为官。还有很多类似的举荐,比如至孝、敦厚。

但是李白拒绝了。

因为这样的推举就算成功了也只是小吏,他不是很想当。

太阳正好,时日还长。大鹏一日乘风起,簸起沧浪万顷水。

把剑舞起来!把诗作起来!清吟啸起来!

可是还是心里闷,好闷!

如果能成仙就好了,仙人不会闷,他们可上九天揽月,下五洋捉鳖。但是我又不想现在就入仙山，访仙道。

我要在人的世界里，做一番事业，让大家都知道我的名字，敬佩我的功业，景慕我的剑道，谈论我的诗文。

我要封侯拜相。

>晓峰如画碧参差，藤影摇风拂槛垂。
>野径来多将犬伴，人间归晚带樵随。
>看云客倚啼猿树，洗钵僧临失鹤池。
>莫怪无心恋清境，已将书剑许明时。
>——《别匡山》

清晨，远望匡山，但见青山如画，碧色参差。藤影随风飘，垂到栏杆上。山间的小路上有行人遛狗，晚归的人背着烧柴。猿在树上叫唤，僧人在失鹤池洗吃饭用的钵。这儿风景挺好的，我也挺喜欢，可是我有我的使命，胸中有书，背上负剑，时代在召唤。

李白彻底结束了在匡山的求学生涯，回了家乡。

第四节
念天地之悠悠

安顿下来后,李白读读书,练练剑,写写诗,如此过了一阵子。

也不知因为什么,斗鸡一下子风靡起来。

"啄它,啄它!"

"反击,反击!笨死了!"

一群人在草绳围起来的擂台周围,撺掇着两只鸡打架。

李白也在人群中,背上负着剑,撸着袖子,叫得挺欢。

"哎,你往哪儿踩呢你!"李白不小心踩了别人的脚,那人吃痛怒叫,一把揉过去。

李白被他揉得一歪:"哎,你这人,我又不是故意的。"

"你就是故意的。"那人又是一揉。

这是乡里的一个泼皮,因李白一家是外来户,在本地无亲无眷,便大声招呼:"兄弟们给我打,教他学做人。"

李白离家求学几年,父亲希望他有出息、长能耐,也盼着他能光宗耀祖,顶门立户。李白原先不懂,现在明白了。

好几个人一拥而上,有的拉住他的手,有的抱住他的腰,有的绊住他的腿。

大官给他气受,他都要写诗去驳,哪里能受得了这些泼皮的气?他挣脱出来,反手拔剑乱捅……

几个小混混的身上有血涌出,像喷泉一样。

人们看他发了狂,也不敢拦,眼睁睁地看他跑回了家。

身后乱哄哄地嚷成一片:"杀人啦!""死了没?""快,快去报告官府!"

跑回家,李白浑身发抖,急忙收拾行李。李客跑了回来,看着儿子发呆:"儿,你杀人了?"

"阿爷……"

李白的母亲也跑了回来,身后跟着妹妹和妹婿。

母亲二话不说,也开始抖着手替他收拾行李。

父亲拿出家里所有的钱,塞进褡裢,结结实实地绑在他背上:"快,快走。"

临出门,李白回头:"阿爷,阿娘……"

"快走!"母亲推他。

妹妹月圆拽着丈夫:"你去,你送哥哥出门,快。"

两人匆匆出门,父亲又摘下墙上挂的一把为李白打的新剑赶上去,剑上有"青莲"二字:"带上它防身。"

李白和妹婿匆匆出门避难,其时为开元十二年(724)。

脱身白刃里,杀人红尘中。

李白的粉丝魏颢在李白去世后所写的《李翰林集序》中写道:

少任侠,手刃数人。

这几个人死没死不知道,反正李白是逃了,带着他的青莲剑一起逃的——

镔铁打造,极其锋利,可以吹毛断发。他特别喜欢这把剑,还专门为它写诗:

  热暖将来镔铁文,暂时不动聚白云。
  拨却白云见青天,掇头里许便成仙。
    ——《暖酒》

  李白与故乡的缘分到此为止,他到死也没有再回故乡。
  妹妹和妹婿的缘分也到此为止,妹婿半路上得病去世,月圆未再嫁,年纪轻轻也去世了。

  李白匆忙奔逃,不知道去哪里才好,脑海里出现丛林莽莽、仙气缭绕的峨眉山。
  好吧,那里有好友,适合投奔和依靠。
  可是,他灰扑扑地奔过去,却扑了个空。
  元丹丘又去云游了。
  满心仓皇和失望,信步走进普贤寺,即如今的万年寺。一个老和尚正在弹琴,琴声悠扬婉转,群鸟咸集树梢,池塘里的青蛙都浮出水面,露出碧绿的后背,一动不动地倾听。
  他弹的琴不一般,琴上有两个字:绿绮。
  李白用山溪水洗了把脸,走过去,盘腿坐在和尚对面,闭着眼睛听。
  心里的仓皇和烦闷被一点点抹平。
  一曲毕,李白起身:"大师好琴。"
  老和尚看看他背上的剑,套着精美的鞘,剑柄上有"青莲"两字:"先生好剑。"

老和尚叫怀一，科举几次落榜，干脆出家。如今已经七十多岁，胸前飘洒白髯。

连外国人都能在大唐做官、经商，何况各种宗教人物。虽然奉老子为祖宗，奉道教为国教，但是释门也很盛行。

李白与他一见如故，从他处听说了一起冤案，一个名人。

和尚有一个好朋友，二十四岁中进士，因为上书论政，得到女皇武则天的赏识，授麟台字，后升右拾遗；书生意气，直言敢谏，曾因"逆党"反对武后而遭株连下狱；二十六岁、三十六岁，先后两次从军边塞；三十八岁解官回乡，侍奉老父。

归家不久，父亲逝去，他在居丧期间遭了事：

他所在县的县令知道他家有钱，硬说他写了犯禁的文字，想要害了他，谋夺他的家财。他害了怕，便纳钱二十万。结果县令贪心不足，把他拉去拷打，打得他起不来。

外有苛政相逼，内无气力为继，他让人拿过蓍草来卜卦，结果算出来还是个死，于是仰天号哭："天命不佑，吾其死矣！"

于是，死了。

据说是权臣武三思指使县令干的，想来他当京官的时候，太过桀骜不群，得罪了武则天这个霸气的侄子。

怀一的朋友就是陈子昂。

写"前不见古人，后不见来者。念天地之悠悠，独怆然而涕下"的陈子昂。

太沉郁，太博大，太惨烈，太寂寥，太无言。

第五节
峨眉山月半轮秋

怀一既科举不成,又见好友结局如此,便灰了心志,空门青灯活岁月。

如今见了李白,读了他的诗,觉得他的诗也好,不过文风过于浮华——陈子昂活着时,就对靡丽不实的文风很不赞同,两个老友时常谈论,觉得六朝余风,骈四俪六,华丽有余,风骨不振。这样的诗只能供于宫廷苑囿,不能有益于社稷苍生。

他的话切中了李白诗作弊端,眼高过顶的李白开始认真读陈子昂的诗文,越读越欢喜。

读到"文章道弊,五百年矣。汉魏风骨,晋宋莫传,然而文献有可征者。仆尝暇时观齐梁间诗,采丽竞繁,而兴寄都绝,每以咏叹,思古人。常恐逶迤颓靡,风雅不作,以耿耿也",不由得击节而叹,说得真对。

李白在峨眉山盘桓了几个月,也没有听到什么风声,想来虽说是手刃数人,也未必就是把人杀死了。所以他放下心来,收拾收拾准备下山了。

临别,怀一送李白《陈子昂诗稿》一部。

李白下了山,沿平羌东下,经过嘉州到达渝州。
一路上,天阴着,云层层压叠,阳光有点透不过来。
船穿行过剑门山。山脉蜿蜒一百多里,分大剑山和小剑山。

传说大剑山有七十二峰,小剑山峭壁中断。两崖相对如门,宽二十米,犹如刀劈斧砍。青衣江流经此处,原本开阔平坦的江面变得极为险窄,暗流回旋,尖石险峻,一不小心就舟毁人亡。

过了剑门,青衣江重新变得平阔,两岸平野绵延。不知道从哪个小船飘来一阵笛音,李白取下遮阳斗笠,仰起脸看。日色已逝,月色渐升,映着山色水色,越发天高地阔。

  峨眉山月半轮秋,
  影入平羌江水流。
  夜发清溪向三峡,
  思君不见下渝州。
    ——《峨眉山月歌》

出了三峡,来到荆门。
荆门山和虎牙山南北对峙,长江从两山之间流过。
这就算出来了。这就算离乡了。
舟行一日,暮霭沉沉,遥望江陵,灯火点点,原来那就是著名的渚宫城。
展望的同时,也怀念故乡,也忐忑,也惆怅:

  渡远荆门外,来从楚国游。
  山随平野尽,江入大荒流。
  月下飞天镜,云生结海楼。
  仍怜故乡水,万里送行舟。
    ——《渡荆门送别》

看着水,都觉得是家乡的水,一路把小船送过来了。

李白到了湖北,还拐带了一个朋友——吴指南。
山高水险,路远天长。他们的游是真正的壮游,身体不强壮不成。
船夫唱《那呵滩》:"我去只如还,终不在道边。我若在道边,良信寄书还。"
大家一起和:"郎去何当还?郎去何当还?"
船夫再唱:"沿江引百丈,一濡多一艇。上水郎担篙,何时至江陵。"
大家再和:"郎去何当还?郎去何当还?"
船夫继续唱:"江陵三千三,何足持作远。书疏数知闻,莫令信使断。"
大家继续和:"郎去何当还?郎去何当还?"
还唱:"闻欢下扬州,相送江津湾。愿得篙橹折,交郎到头还。"
又和:"郎去何当还?郎去何当还?"
《那呵滩》本是一支舞曲,不知怎的,被艄子们学了去,一边摇橹,一边唱和,听着是快乐,细琢磨是悲哀。唱来唱去,和来和去,都是生活不易,两相分离。
尤其"篙折当更觅,橹折当更安。各自是官人,那得到头还"一句,再怎么壮游,离了家的人,想的也是一个"回"字。
李白是真正的离家出走,无法回头。江水送他离开,千里之外。

一路上芳草碧树,听不尽雁鸣莺啼。
面前,就是江陵了。
荆州首府。

此地尚存楚灵王修建的章华台遗址和楚国国都郢城的遗址，繁华程度不亚于成都。

来都来了，岂能不到处走一走、看一看呢？

李白和吴指南四处游走时邂逅了一个老道士，八十多岁，眉毛胡子都白了。

李白好交朋友，一揖到地："老神仙好。"

"道友好。"老道士和蔼答礼。看他的衣装做派，也不像茅山宗第十二代宗师呀。

此人就是被后世称为"仙宗十友"之一的司马承祯。

"仙宗十友"，包括陈子昂、李白、孟浩然、王维、贺知章、王适、毕构、宋之问、司马承祯，还有卢藏用。

第六节
我呼尔游,尔同我翔

司马承祯是武则天时期的老人儿了,博学多才,擅长篆书,自成一体,名为"金剪刀书"。日常隐居在天台山玉霄峰,自号"白云子"。武则天多次征召,他都未理。

唐睿宗李旦好不容易把他召进京去,问他阴阳术数的事情,他却拿《老子》说事,建议控制欲望,顺应自然。睿宗想留他在身边,他不肯,只好赐他宝琴和花披肩,派人送他回去。

卢藏用没有入道,但是也做隐士,有道术,和司马承祯相熟。因为司马承祯被帝王赏识,便劝他别回天台山了,就在长安附近的终南山与自己做伴也没什么不好。

——卢藏用是皇帝在哪里,他就隐在哪里。皇帝在长安,他就在终南山隐;皇帝去洛阳,他就到嵩山隐。所以他有一个外号,叫"随驾隐士"。

司马承祯淡淡地说:"依我所见,终南山只是当官的捷径。"

卢藏用隐居隐出了名气,所以武则天请不来司马承祯,便请他出山,让他当了左拾遗,没有几年就升到了吏部侍郎。

有一个成语"终南捷径",就是从他这里来的。

开元九年(721),司马承祯再次被召进京,在第二年玄宗临幸洛阳时,随驾东行。因受不了红尘烦扰,他坚请回转浙江天台山。

回去路上，开元十三年（725）路过江陵。

李白遇着了老神仙。

李白拿自己的文章给司马承祯看，老道士很喜欢。

李白受了当官的打击，如今受了赞赏，倍受鼓舞，后来专门作了一篇《大鹏遇希有鸟赋》。

在序中，李白特别直白地写道：

> 余昔于江陵，见天台司马子微，谓余有仙风道骨，可与神游八极之表。因著《大鹏遇希有鸟赋》以自广。

就是说，我当年在江陵见了天台的大名人司马子微（司马承祯字子微），他说我有仙风道骨，够资格和他一起神游八极，所以我就作了一篇《大鹏遇希有鸟赋》，推广自己。

李白以"大鹏"自比，以"希有鸟"比司马承祯。希有鸟邀大鹏一起玩：

> 吾右翼掩乎西极，左翼蔽乎东荒。跨蹑地络，周旋天纲。以恍惚为巢，以虚无为场。我呼尔游，尔同我翔。

大鹏答应了，于是这两只大鸟翱翔天际，徒留斥鷃等胸无大志、目光短浅的凡俗之鸟，在篱笆上一边飞一边笑话它们。

这算是李白的第一篇成名大作。

这次会面对李白的影响太大了，搞得他一心想去修仙。司马承祯见着一个有仙根的后辈也是不易，既欣慰又期许。

只是两个人缘分浅,江陵一别,再未相见。

开元十五年(727),唐玄宗召司马承祯到京都问道,并在济源王屋山建阳台观,让司马承祯在那里修炼,还让自己的妹妹玉真公主跟其学道。

开元二十三年(735),司马承祯在阳台观去世,葬于王屋山松台。

天宝年间,李白多次登天台山,瞻仰仙师修道遗迹。

司马承祯的弟子玉真公主,和李白也有一段缘。

两岸猿声啼不住,李白和吴指南入了荆襄,出了巴蜀。

他们到处晃悠,泛览湘水,攀苍梧,过洞庭湖,仗剑作诗,美得很。

年轻时的回忆太美好,许多年后,李白都是五十多岁的人了,又想起来了当年:

  清晨登巴陵,周览无不极。
  明湖映天光,彻底见秋色。
  秋色何苍然,际海俱澄鲜。
  山青灭远树,水绿无寒烟。
  来帆出江中,去鸟向日边。
  风清长沙浦,山空云梦田。
  瞻光惜颓发,阅水悲徂年。
  北渚既荡漾,东流自潺湲。
  郢人唱白雪,越女歌采莲。
  听此更肠断,凭崖泪如泉。
    ——《秋登巴陵望洞庭湖》

正长天远地，游得畅快，玩得开心，吴指南死了。有人考证说是暴病，有人考证说是打架被杀死的。

李白蒙了。

洞庭湖水碧波荡漾，绿柳丝丝缕缕，长天碧水，鸥鸟翔集。吴指南再无生气，李白抚尸痛哭，泪尽继之以血。

他无锹无镢，又无人帮忙，只好以手捧土，草草地把吴指南葬在湖边，一步三回头，也离开了。

第七节
潮打空城寂寞回

> 日照香炉生紫烟,
> 遥看瀑布挂前川。
> 飞流直下三千尺,
> 疑是银河落九天。
> ——《望庐山瀑布》

对,李白到了庐山。

苏东坡也写庐山:

> 横看成岭侧成峰,
> 远近高低各不同。
> 不识庐山真面目,
> 只缘身在此山中。
> ——《题西林壁》

同样的好,好处不一样。李白的是想象力大气,苏轼的是胸怀大气。前者是写景,后者是哲理。苏轼由黄州贬赴汝州任团练副使时经过九江,游览庐山,作此诗。四十多岁的苏轼,与小年轻李白比起来,当然更厚重。

从庐山下来,李白一路奔着金陵去了。

> 天门中断楚江开,
> 碧水东流至此回。
> 两岸青山相对出,
> 孤帆一片日边来。
> ——《望天门山》

坐船路过天门山,只是惊鸿一瞥,就瞥出这么一首诗。

天门山本是一个整体,却被楚江怒涛活生生地撞开。浩阔江流被狭窄山体激起回旋,波涛汹涌,形成奇观。山阻水,水撞山,在远远的过客看来却是一片静谧,两岸青山绅士般地对立,逢迎着从日边来的一片孤帆。

他随口吟出的诗句,像是从九天奔流而下的瀑布,鸣声訇訇;又像无声涌荡的大江大海,送出一叶孤舟。

李白来到了金陵。

一个江南小城。

紫金山沉默地矗立着,入了夜,灯光稀疏。

玄武湖波光仍旧动荡,可是有几个人看呢?

大江绕过石头城,訇訇地东去了。

秦淮的月色仍旧明亮,朱楼酒肆却显得破落。

连甍接栋的王谢故居,早已成了寻常百姓的杂居之地。

六朝宫殿颓圮,杂草丛里虫鸣声声。

城西的凤凰台上时不时地有诗人流连,觅一点灵感,作几行诗。
真的是,潮打空城寂寞回,却微妙地契合了文人的心境。

> 金陵夜寂凉风发,独上高楼望吴越。
> 白云映水摇空城,白露垂珠滴秋月。
> 月下沉吟久不归,古来相接眼中稀。
> 解道澄江净如练,令人长忆谢玄晖。
> ——《金陵城西楼月下吟》

文人爱牡丹,也爱热闹的大都市,可是好像更倾向于清幽的山水,和荒凉的颓垣。

所以,仅唐一朝,李白、杜甫、刘禹锡、沈彬、刘长卿、王昌龄、常建、杜牧、李商隐、陆龟蒙、唐尧臣、皮日休、孟郊、许浑、李德裕、罗隐、崔颢、李群玉、高蟾、刘沧、韦庄、孙元宴……他们都来过金陵。

李白来过不止一回,写金陵的诗歌有七十多首。他游玄武湖,登凤凰台、劳劳亭,到长干里、板桥浦,还跑到孙楚酒楼和朋友们喝酒。

天宝十四年(755),安史之乱起,贵族都往南逃,李白还写了一篇《为宋中丞请都金陵表》,建议朝廷迁都金陵。

据说他死都是因为喝醉了酒,下到秦淮河里捉月亮。

初到的李白四处投门路,结交朋友,建立自己的朋友圈,钻进别人的朋友圈。

因为肯花钱,大家都爱围着他转。酒越喝越多,朋友越交越广,旧的去了,新的又来。

李白乐疯了。

他去不远的扬州,走之前还要在金陵酒肆大喝一顿,然后作诗一首:

> 风吹柳花满店香,吴姬压酒劝客尝。
> 金陵子弟来相送,欲行不行各尽觞。
> 请君试问东流水,别意与之谁短长?
> ——《金陵酒肆留别》

谁落魄了,他请人家喝酒吃饭。

谁当官了,他想办法请人家喝酒吃饭。

他又没有背着金山银山。

终于,没钱了。

李白在异地他乡,变成了一个穷光蛋。

说巧不巧的,他还病了,躺在小破旅馆里。

他要走了。

来时意气昂扬,精神焕发;去时萧疏落寞,病中悲愁。

他又想起了吴指南。

李白来到好友坟前,取出尸骨,打包好,一路背回武昌,重新下葬。

李白继续走,结果一个姓孟的县丞送了他一门亲事——称呼人家孟少府。

隋唐时期,湖北一带有句谚语流传甚广:

> 贵如许、郝,富如田、彭。

此地有两个富贵通天的家族，一个是郝处俊所在的郝氏家族，一个是郝处俊舅舅许圉师所在的许氏家族。

许氏家族的贵，是因有从龙之功。

许圉师的祖父许法光与大唐世祖元皇帝李昞是好朋友，许法光的儿子许绍跟李昞的儿子李渊是同学。李渊立国，许绍被封为与宰相平起平坐的三品官，又受封谯国公爵位。

许圉师是许绍的次子，科举入仕，步步高升，最后入相。虽然他死了，但仍是高门大户，他的孙女许氏就是孟少府要给李白说的对象，仍旧是高官显贵之后。

第三章 蹉跎岁月长

第一节
入赘

李白对此事的热情不是很高涨,想着还是先去云梦看看风景,途经襄阳的时候,他又认识了一个大诗人——孟浩然。

孟浩然比李白大十来岁,和李白的路子差不多,在二十五岁到三十五岁这十年间,辞亲远行,想通过干谒一途,求取功名。

二人相谈甚欢,李白甚至向其请教婚姻大事:"夫子,朋友为我介绍了前宰相许圉师的孙女,你觉得怎么样?"

孟浩然捋着美须沉吟:"要看你求的是什么了。你求的是美人在怀吗?"

李白笑了笑:"美人在怀谁不想……"

"可是你做不到!"孟浩然严肃地看着他,"小家碧玉的美人儿,你可以娶,但是娶来对你的事业有何助益?你想当一个农夫,还是当一个小买卖人?你如果想入仕,就要有入仕的门路。许家的孙女背后,是许家的关系和人脉,如果运用得当,必能成就一番事业。"

李白被打动了。

于是,他拿着孟少府的介绍信前去拜访。许家人热情地接待了他,不过,他们提出了一个要求:他家只有一个独女,所以不是嫁女,而是娶夫。

李白又迟疑了,饿死不当上门女婿呀。一边说着"我再想想",一边告辞出门。

李白满怀心事,低着头走在安陆街头,跟人撞了个满怀。

他一抬头，又惊又喜："是你？"

李白万万没想到，自己竟然巧遇元丹丘。

元丹丘和安州都督马公有通家之谊，所以他来此小住。

见到元丹丘就好了，见到元丹丘，就可以抚平自己因焦躁而皱褶的心。

李白来到元丹丘的丹室，丹室一如既往的素净。

元丹丘用素白的杯子盛着碧绿的芽茶递给他："怎么样，一向可好？"

李白捧着茶杯，先是笑了一声："我有什么不好的，一切都好。"转而吁了口气。

"怎么？"元丹丘敏锐地意识到他心里有事。

"是这样……"李白将说亲一事告诉元丹丘，"我拿不定主意。我不想做赘婿，可又觉得这算门不错的亲事。"

元丹丘又给他续了一杯茶水："你看这茶。"李白莫名其妙地看了看。"茶叶舒舒卷卷，浮浮沉沉。我冲水的时候，它就浮起来；等水波不兴，它就静静地沉下去了。不过是随波动荡、顺其自然罢了。不管别人怎么说，你问问自己的本心，你想不想结这样一门亲。"元丹丘说。

辞别元丹丘，李白反复思量：

我想要什么样的生活？

我想要过什么样的日子？

我结这门亲事有什么利，有什么弊？

然后他逐一给出答案：

我想要衣食无忧的生活。

我想过安定的日子。

这门亲事让我有了一个家,可以给我的事业助力。这是它的好处。我娶了一个病恹恹的妻子,她也许给不了我很多的婚姻乐趣。

最后,他问了自己一个关键问题:你觉得自己能不能承担得起这门婚姻的弊端?

能。他想,我能。男子汉大丈夫,当赘婿有什么,事业第一。妻子多病怕什么,我有朋友遍天下,少了闺房之乐,不缺金兰之谊。

开元十五年(727),李白入赘许家。

一脚踏进是非窝。

寄人篱下,日子不好过。

李白的堂大舅子许大郎,老是看不上他。

许大郎的爹许自然是李白老丈人的亲哥,仗着老爹许圉师的势横行霸道,打猎的时候马踏庄稼。庄稼主人找他理论,他一箭把人家给射死了。许圉师因为替儿子隐瞒这件事,也丢了官。

许大郎跟他爹一样,是个坏坯,见叔叔家没儿子,就想当继承人。本想着待堂妹嫁人后,将叔叔家的财产据为己有,结果人家直接招了一个上门女婿。

许大郎觉得是李白挡了他的道,李白该死。

李白本来也不是什么好脾气,但作为上门女婿,还是要收敛一些。

惹不起,躲得起,两口子干脆搬到了城西北的北寿山上。那里有一处别业,是当年许圉师读书的地方。久没人去,荒凉破落,李白等不及修葺,带上媳妇就去了。

北寿山离安陆不过六十里,骑马半天就到。山雾氤氲,有树有水,小路弯曲。李白没事就练练剑,看看书,和老婆聊聊天,吃点简单的饭菜,听松风虫鸣,觉得生活也不赖。

第二节
认罪书

许家一门心思指望着李白能重振门楣,所以想方设法给他找门路。因为元丹丘的关系,许家搭上了马都督这条线。马都督放出口风来,向朝廷荐举人才是他们做地方官的本分,也是任务。

但是,荐举谁不是荐举,凭什么荐举你?人情得到位。

智商、情商、财商,三商必须同时在线。

一次宴会上,马都督让李白当场作文,李白才气纵横,提笔立就,双目泛光,拱手施礼:"请大人斧正。"

马都督哈哈一笑:"好,好,才思敏捷,才思敏捷。"

大家看在马都督的面子上,一嗡声地夸奖起来,李白环顾四座,面有得意色。

麻烦了。

李白这个人,就是不懂矜持,不会谦虚。

许大郎也想通过荐举做官,李白要是被荐举了,就把许大郎的名额占了——马都督的一个下属李长史得了许大郎的连番好处,他要说动上司,把名额给许大郎。

当下,李长史也带着十二万分的真诚微笑着,把李白夸了又夸。

他这种人最会揣摩人心。现在把人捧得越高,将来抓着错处,落差越大。
不要紧,他想:有的是机会。

机会很快就来了。
李白和人喝酒,一直闹到半夜,才迷迷糊糊地回家去。醉眼蒙眬的他恍惚看见对面走来一人,他以为是都督府的主簿魏洽先生,便趔趄着过去,拍着对方肩膀招呼道:"嘿。"
结果此人并非主簿,而是李长史。
这一身的酒气与轻慢的举动,可把李长史气坏了!你不知道要在十丈远处回避,给我让道吗?你以为你是谁!不懂礼法的东西!
面对李长史的斥责,李白酒醒了,他手足无措,嗫嚅着道歉,结果人家根本不接受,非让他写认罪书不可。
能怎么办?只好写了。

白,嵚崎历落可笑人也。虽然,颇尝览千载,观百家,至于圣贤,相似厥众,则有若似于仲尼,纪信似于高祖,牢之似于无忌,宋玉似于屈原。而遥观君侯,窃疑魏洽,便欲趋就,临然举鞭,迟疑之间,未及回避。且理有疑误而成过,事有似而类真,唯大雅含宏,方能恕之也。白少颇周慎,忝闻义方,入暗室而无欺,属昏行而不变。今小人履疑误形似之迹,君侯流恺悌矜恤之恩。戢秋霜之威,布冬日之爱,容有穆,怒颜不彰。虽将军息恨于长孙之前,此无惭德;司空受挥于元淑之际,彼示为贤。一言见冤,九死非谢。白孤剑谁托,悲歌自怜,迫于凄惶,席不暇暖。寄绝国而何仰?若浮云而无依,南徙莫从,北游失路;远客汝海,近还邠城。昨遇故人,饮以狂药,一酌一笑，陶然乐酣。因河朔之清觞，饮中山之醇酎。属早日初眩，晨霾未收，乏离朱之明，昧王戎之视。青白其眼，瞢而前行，亦何异抗庄公之轮，怒螳螂之臂？御者趋召，明其是非，入门鞠躬，精魄飞散。昔徐邈缘醉而赏，魏王却以为贤；无盐因鬼而获，齐君待之逾厚。白妄人也，安能比之？上挂《国风》相鼠之讥，下怀《周易》履虎之惧。憨以固陋，礼而遣之，幸容宁越之辜，深荷三公之德。铭刻心骨，退思狂愆，五情冰炭，罔知所措。书愧于影，夜惭于魄，启处不遑，战踞无地。伏唯君侯明夺秋月，和均韶风，扫尘辞场，振发文雅。陆机作太康之杰士，未可比肩；曹植为建安之雄才，唯堪捧驾。天下豪俊，翕然趋风，白之不敏，窃慕余论。何图叔夜潦倒，不切于事情；正平猖狂，自贻于耻辱！一忤容色，终身厚颜，敢昧负荆，请罪门下。傥免以训责，恤其愚蒙，如能伏剑结缨，谢君侯之德。敢以近所为《春游救苦寺》诗一首十韵、《石岩寺》诗一首八韵、《上杨都尉》诗一首三十韵，辞旨狂野，贵露下情，轻干视听，幸乞详览。

——《上安州李长史书》

第三节
山亦何罪

《上安州李长史书》的意思是：

小人李白，是品格虽卓异而举止可笑的一个人。我远远地看见您过来，以为是魏洽，便想攀攀交情，套套近乎。结果到跟前才发现认错了人，迷迷糊糊的，未来得及回避，并不是故意对您轻慢。只有像您这样宽宏大量的人，才能够宽恕我。

小人李白，年少时也特别周到谨慎，在四野乡里有仗义的好名声。我在暗室也没做过亏心的事，头脑虽然发昏，举止也不会特别过分。如今眼拙，犯了错，希望君侯您能够宽恕我，收敛秋霜的威严，广布冬日暖阳之爱，别生气了吧！

小人李白，孤剑难托，悲歌自怜，迫于凄惶，席不暇暖。远离家乡，能得谁的帮扶？就像浮云没有寄托。往南走，没人跟随；向北游，找不准方向。昨天遇到老朋友，一时喝得多了，结果冲撞了您。徐邈喝醉了反而得到魏王赏识，无盐因为丑而获重待，小人李白不知天高地厚，安能和前贤相比？自从冲撞了您，我便后悔不迭，五内如冰如炭，不知向东向西。

大人您像秋月一样，像韶风一样，陆机哪能和您比肩？曹植也只不过刚刚够资格给您伴驾，天下豪俊都像风一样趋附您。希望您这样了不起的人，能够允许我厚着脸皮，沐浴熏香，负荆请罪。倘若您能够免于对我的训责，体恤我的愚蠢蒙昧，我愿伏剑结缨，以谢大德。为了表达我的愧疚之情和谢罪之意，我一夜之间，作了《春游救苦寺》诗一首十韵、《石岩寺》诗一首八韵、《上杨都尉》诗一首三十韵，请您指导。

大概就是这么个意思，认错还不忘为自己投刺推广。

唐朝的长史相当于现在的秘书长或参谋长，是可以左右上司的意见和想法的。

李长史拿到这份认罪书后，直接转呈给了马都督：您看，这个李白，多么轻狂。

马都督一看，唉，算了吧，我本来还想荐举他呢。

李白左等右等，荐举一事成了空花泡影。

孟少府当初给李白介绍这门亲事，是希望他能够借势鱼跃龙门，结果过去这么久了，也未听到李白出人头地的消息，故写了篇移文谴责李白。

孟少府在移文中鄙薄北寿山小而无名：这么一座小破山，也值得你如此留恋！

李白好委屈，写了一篇《代寿山答孟少府移文书》为自己辩白。辩白的思路很新奇，他是以寿山的名义写的：

> 淮南小寿山谨使东峰金衣双鹤，衔飞云锦书于维扬孟公足下曰：仆包大块之气，生洪荒之间，连翼轸之分野，控荆衡之远势。盘薄万古，邈然星河，凭天霓以结峰，倚斗极而横嶂。颇能攒吸霞雨，隐居灵仙。产隋侯之明珠，蓄卞氏之光宝，馨宇宙之美，殚造化之奇。方与昆仑抗行，闻风接境，何人间巫、庐、台、霍之足陈耶？

淮南小寿山特派遣两只金色的仙鹤衔锦书给扬州孟公,信中说:我包含着自然之气,生于洪荒之间,连接翼宿、轸宿的分野,控扼荆州、衡州的地势。牢固万年,邈然星河。山峰高接虹霓,连绵到北斗。能攒吸霞雨,隐居灵仙,出产隋侯珠,藏宝玉的光芒。穷尽宇宙的美,竭尽造化的奇。可以与昆仑山抗衡,与阆风相邻。人间的巫山、庐山、天台山、霍山岂能与我相提并论?

紧接着,李白以磅礴不休的笔触力证自己,并表达无名也不羞耻的观点:

无名为天地之始,有名为万物之母。假令登封禋祀,曷足以大道讥耶?然皆损人费物,庖杀致祭,暴殄草木,镌刻金石,使载图典,亦未足为贵乎?且达人庄生常有余论,以为斥鷃不羡于鹏鸟,秋毫可并于太山。由斯而谈,何小大之殊也?

因为无名是天地的初始,有名是万物的母亲。小又怎样,庄生有过高论:小麻雀不羡慕大鹏鸟,小毫毛也可并列于泰山。

又怪于诸山藏国宝、隐国贤,使吾君榜道烧山,披访不获,非通谈也。夫皇王登极,瑞物昭至,蒲萄翡翠以纳贡,河图洛书以应符。设天纲而掩贤,穷月窟以率职。天不秘宝,地不藏珍,风威百蛮,春养万物。王道无外,何英贤珍玉而能伏匿于岩穴耶?所谓榜道烧山,此则王者之德未广矣。昔太公大贤,傅说明德,栖渭川之水,藏虞虢之岩,卒能形诸兆朕,感乎梦想。此则天道暗合,岂劳乎搜访哉?果投竿诣麾,舍筑作相,佐周文,赞武丁,总而论之,山亦何罪?

你还批评说这座山的罪行在于藏匿国宝、隐蔽贤才,使得我们的君王采取在大路上悬榜文、焚烧山林等方式,也不能获得贤才,这话就更不对了。

当今皇帝多么英明,他撒开天罗地网招揽贤才,我这座山哪里能藏得住?就算我藏了人才,那人才不肯出山又与我何干?

文章最后,李白以特别潇洒、自豪的口气,说回自己:

> 近者逸人李白,自峨眉而来,尔其天为容,道为貌,不屈己,不干人,巢、由以来,一人而已。乃蚪蟠龟息,遁乎此山。仆尝弄之以绿绮,卧之以碧云,漱之以琼液,饵之以金砂,既而童颜益春,真气愈茂,将欲倚剑天外,挂弓扶桑。浮四海,横八荒,出宇宙之寥廓,登云天之渺茫。俄而李公仰天长吁,谓其友人曰:吾未可去也。吾与尔,达则兼济天下,穷则独善一身。安能餐君紫霞,荫君青松,乘君鸾鹤,驾君虬龙,一朝飞腾,为方丈、蓬莱之人耳?此则未可也。乃相与卷其丹书,匣其瑶琴,申管、晏之谈,谋帝王之术。奋其智能,愿为辅弼,使寰区大定,海县清一。事君之道成,荣亲之义毕,然后与陶朱、留侯,浮五湖,戏沧洲,不足为难矣。即仆林下之所隐容,岂不大哉?必能资其聪明,辅其正气,借之以物色,发之以文章,虽烟花中贫,没齿无恨。其有山精木魅,雄虺猛兽,以驱之四荒,磔裂原野,使影迹绝灭,不干户庭。亦遣清风扫门,明月侍坐。此乃养贤之心,实亦勤矣。

最近,有一位逸人李白从巴蜀来,他仙风道骨,不委屈自己,不乞求别人,盘曲身体,屏住呼吸,居住在这座山。我曾送良琴给他抚,送碧云让他睡觉,送琼液为他漱口,送仙丹给他服用。很快,他就会越来越帅,真气越来越足了。

像他这样的人，本来是有希望当神仙的，可是他不肯去，因为他还想救济苍生。于是他把那些修身养性的丹书和瑶琴都收了起来，拿出王霸学说，谋求帝王的统治之术。他的目标是竭尽智能，辅助君主，使天下安定、神州一统。待大业完成，就像范蠡、张良一样，泛舟隐居。

为了配合李白的雄心壮志，作为一座山，我是殚精竭虑，把山精、木魅、雄虺、猛兽全部驱赶到四荒去了，不让它们干扰李白的户庭；还派清风为李白扫门，明月为他侍坐。这就是我勤劳的养贤之心。

"所以，"李白最后结案陈词，"孟县尉呀孟县尉，不要再批评我了！明年春天，你再来找我吧！"

第四节
又出事了

吴刚伐树，伐了几千几万年，桂花树还在。

夸父追日，一步就跨过高山大海，可这日头他怎么也追不上。

李白足够优秀，他有天生天长的天赋，也有自给自养的激情。

可是人生总是不得圆满，身后总有诸多遗憾。

李白心中烦闷，他又跑去找孟浩然了。

两个人一起到江夏玩了一圈儿，孟浩然要去广陵，他们在黄鹤楼作别。

> 故人西辞黄鹤楼，
> 烟花三月下扬州。
> 孤帆远影碧空尽，
> 唯见长江天际流。
> ——《黄鹤楼送孟浩然之广陵》

二人一别就是近十年。

李白二见孟浩然时，又作一诗：

> 吾爱孟夫子，风流天下闻。
> 红颜弃轩冕，白首卧松云。

醉月频中圣，迷花不事君。

高山安可仰，徒此揖清芬。

——《赠孟浩然》

开元二十八年（740），孟浩然背上长了毒疮，医治将愈，因纵情宴饮，食鲜疾发辞世。

诗人的死法绚丽多彩，为个嘴搭条命，你奈他何。

李白回了安陆，听说李长史高升了，都督府换了一个姓裴的长史。

裴长史挺有名气和口碑，当时盛传一句顺口溜："车如流水马如梭，裴公门下宾客多。只需裴公一句话，胜似大比登高科。"

李白的希望之火，又熊熊燃烧起来了。

唐玄宗的生日是八月五日，为了庆贺他的生辰，百官奏请将八月五日定为千秋节。不仅皇上要在京城花萼楼下大宴百官，诸州各县也要宴乐三日。

安陆州也动了起来。从八月初一开始，都督府、县衙、城中的公私府邸，全都张灯结彩，搭戏台、唱大戏。

李白也参加了裴长史举办的千秋节宴会，还奉命耍了一套剑法。

几杯酒下肚，李白把剑舞得虎虎生风、水泼不进。

裴长史喝高了，大声叫好，在座诸人纷纷附和。

李白趁热打铁，宴会一结束就把行卷送到长史面前，而且精心排列了行卷顺序，把他最看重的三篇赋放在了最前面。

这时候，李白又出事了。

第五节
斗鸡走马胜读书

唐朝是有宵禁的。

一更三点敲响暮鼓,禁止出行;五更三点敲响晨钟,才可通行。二、三、四更在街上无故行走的,则以"犯夜"论处,笞四十下。

李白出城游玩,回城的时候,暮鼓已响,他在街上晃荡,被巡夜的拿住了:你一无病,二家中无人生育,三又没有死人,在街上乱跑什么?是想偷东西,还是想谋反?

李白赶紧敲打自家门环,让家里人做证,自己并非作奸犯科之辈,兵丁便没有难为他。

不过,这事被许大郎知道了。

于是,大家也都知道了,开始纷纷议论:

"什么?李白犯夜了?"

"他为什么犯夜?"

"说是在外边聚赌。"

"什么呀,说是他在外边包小娘儿……"

裴长史一听,又赌又嫖的,什么人哪。

举荐之事,又黄了。

罢了,去长安吧,那里机会多。

从安陆到长安,一千五百里。

骑马?坐轿?搭船?徒步?

为了前程,李白真是很拼了。

手心向上要钱的时候真的很不是滋味。妻子的面色已稍显红润,李白虽然喜欢优游在外,但在家时也算得上贴心。妻子把家里的存款都拿出来了,又在他腰带上系了一枚亲手绣的荷包,依依不舍,送他上路。

年近三十的李白脸红了,他接过钱,深深地看了眼妻子,然后背上行囊,转身出了门。

开元十八年(730),李白第一次抵达长安。

这一年,裴光庭改了用人法则。原来吏部选官用人,看的是能力——有本事的,上位;没本事的,可能一辈子都升不了官。经他一改,变成了按资格和年限授官,也就是熬资历——资历够了,没本事也能当官;资历不够,有本事也得乖乖等着。这么一来,庸人和愚人高兴,才俊之士皆抱怨。

这一年,吐蕃遣使致书请和。

这一年,护密王罗真檀来朝。

这一年,整个国家奏请死罪的,只有二十四人。

在李白的想象中,长安很大、很美,但是没有想到会这么大、这么美。

高高的城墙耸立于蓝天之下,抬头看,有种迫人的气势。

守卫城门的兵丁持戈肃立,城墙上的金甲禁军,气派非凡。

宽阔的朱雀大街两侧设有排水沟,又种榆树、槐树做行道树。风一过,树叶哗啦啦响成一片,仿佛整个城池都在晃动。

长安城方方正正,像块大豆腐,被纵横交错的二十五条大街,切成了方方正正的一百零八块,也就是一百零八个坊。还有专门的市集,叫东市和西市。如今说的"买东西",就出于此。仅西市就有商铺四万多家,波斯、新罗、日本的客商都在那儿做买卖。

见一支一支的驼队顺着槛道鱼贯而入,李白也跟着进来了——迎面是个宽阔的十字路口,东、南、西、北四条宽巷的两侧店铺行肆林立。他一家一家看过去,有卖绢布的,有卖铁器的,有卖瓷器的,有卖鞍鞴的,有卖珠宝首饰的,有卖乐器的。

行人摩肩接踵,有彬彬有礼的和尚,有绾着髻、执着拂尘的道士,还有摩尼教的教民,还有高鼻深目的胡人三三两两地走过,旁若无人地交流。长安本地人倒是见怪不怪,李白扭着脖子目送他们走去老远。

天啊,我怎么不早点来呢?

我如果能入仕当官,定会贡献全部的热血和学识,使我大唐更加兴盛。

李白被震撼得都忘了作诗,只顾着热血沸腾了。

在城里闲逛的时候,李白听到了一个故事。

说的是几年前的一天,长安许多百姓在骊山脚下看一场特技表演。

一个穿戴花花绿绿的少年,挥舞了下用羽毛扎制的短鞭,结果雄鸡两两分开,竖起羽毛,振动翅膀,准备战斗;再一挥鞭,两两一组的雄鸡便斗在了一起,战况激烈,杀气腾腾,周围人不禁惊呼;又挥一鞭,群鸡罢斗,重新列队,胜者在前,负者在后,跟在少年身后退场。

这个驯鸡少年就是贾昌。

有一次玄宗出游,刚好碰到贾昌斗鸡,他觉得太好玩了,便把贾昌召进宫替自己养鸡,大家因此都称贾昌为"神鸡童"。传闻贾昌父亲去世时,文武百官车马簇簇,纷纷前来祭奠,真可谓"鸡"犬升天。

李白不屑，斗鸡走狗之辈，凭着奇技淫巧入宫，于国何益？于民何益？

他这么想，也是这么说的。餐馆的伙计一听，笑着说："客官您真是少见多怪了，不知道市面上流行这样一句顺口溜吗？生儿不用识文字，斗鸡走马胜读书。"

李白有点蒙：读书这么没用吗？照理说，咱们的皇帝不是这个样子的呀！

他不知道，唐玄宗已经变了。

以前的玄宗，整顿吏治，任用贤能，打击豪门士族，大力发展农业，禁女乐；如今的玄宗，四十多岁了，开始喜欢享乐了。

大唐因为他的好享乐，像喝了酒一样，醺醺然，乐未央。柳丝飘舞，画舫游湖，名胜处处，游人簇簇。

第六节
终南逢玉真

李白去了晋昌坊的大慈恩寺，那里有大名鼎鼎的大雁塔。

雁塔之下，石碑林立。凡进士及第者，一是能够瞻仰"大内"，二是可以参加曲江赐宴，三是能雁塔题名。

李白也希望入大内，得赐宴，石上留名。看着碑上密密麻麻的人名，他又妒又羡。

登上塔顶，俯瞰长安，广阔宏大。"山河千里国，城阙九重门。不睹皇居壮，安知天子尊。"

李白不知道皇宫大内长什么样，他穷尽想象，也想象不出来。他只能远远眺望，就算走得再近，也隔着高高的宫墙。

李白揣着一封举荐信，是他的岳父给许辅乾的。

许辅乾和李白的岳父是同宗，任"六部九卿"之一光禄卿，是负责皇家请客吃饭的——说白了，皇帝入口的东西都由他掌管。

许辅乾让李白住进了家里，但是想要谋得一官半职，还得请托别人。所以李白才会在街上漫游，一边领略盛世繁华，一边旁观盛世繁华。

不知不觉中，李白溜达到了太极宫，也就是大内附近。太极宫的南门是承天门，改元、大赦、阅兵，凡是重大活动，皇帝都会站在承天门前，举行外朝；平时则在太极宫里的太极殿内朝，与朝臣议政。

他又溜达到了长安城的东北,东北有大明宫,也就是东内。大明宫的南面是兴庆宫,即南内。玄宗在还没当皇帝的时候,就住在这里。他当政后,几度扩建南内,在此居住和听政,给他过生日的千秋节也在这里举行。

…………

这么多宫殿,繁华不?漂亮不?庄严不?与你有一毛钱的关系不?

谁愿活了一世,只是匆匆看客?

一个斗鸡的都能进去,他学了那么多治世伟典却进不去!感觉像挨了多少个窝心脚,没地方说理。

李白以一个会写诗的乡野村夫的身份来到长安,拿着一封已经过气的世家大族的推荐信,要做的,仍旧是尽力推销自己。

对,干谒。

许辅乾把他引荐给代职尚书省的崔京之等人。

其实,许辅乾替他想的最理想的推荐人是张说。

张说本身就是一个文学家,早年参加制科考试,策论天下第一。仕途上几起几落,最终做到了右丞相和左丞相。他三次为相,执掌文坛三十年,与许国公苏颋齐名,号称"燕许大手笔"。

可惜时机不对。李白被许辅乾带着拜访张说的时候,张说已经身染重病。许辅乾不好说出请托的话,李白也讷讷不能言。告别的时候,张说的次子张垍把他们送出门外,李白双手把自己的行卷奉上,请张大人病愈后,空了时看一看。

张垍彬彬有礼地接过,说:"一定,一定。"

不久后,张说去世,此事也没有了下文。

张说有三个儿子，都做官，其中最得势的是张垍，他娶了宁亲公主，是驸马。

张说死后，张垍在终南山丁忧。李白游终南山时特意前往拜访，表达对张老大人去世不胜哀痛之意，劝张垍节哀。张垍彬彬有礼地接受了他的致意。临走的时候，李白问："请问张大人您有没有看过我的行卷？"

张垍有点冷淡："实在不好意思，家父病逝，忙忙乱乱，又哀毁过甚，实在没有心情……"

"理解，理解。"李白一揖到地，"请节哀，节哀，改日向您请教。"

李白走后，张垍摇摇头，想不起来把此人的行卷扔在哪儿了。"真是，也不看什么时候，到底是乡下人……"

李白很高兴，觉得又认识了一个重量级人物，前途有了光明。兴之所至，他吹起了口哨，又吟了自己的诗文，声音清脆，盖过了山中隆隆的水声。

这时，对面走来两人。李白正扭头吹口哨逗枝上黄雀，一时躲闪不及，差点儿撞了上去。

女童斥了一句："小心些！"

李白一惊，赶紧避让，低头行礼："没有看见，恕罪，恕罪。"

"无妨，不碍。"着道衣、执拂尘的女人如清风掠过，留下一阵淡淡的香气。

这人是谁？李白回头瞅着她们的背影纳闷儿，觉得她们应该是要去他不久前路过的一座道观。他来的时候还进去看了看，里面没人，说不定她俩就是住在那里的女道士。

李白留了个心眼，回来就向许辅乾打听。许辅乾一听就知道是谁了："她是圣上的妹妹，玉真公主。"

玉真公主和唐玄宗是同母兄妹。

他们的父亲李旦是武则天的小儿子，武则天身边有一个侍女喜欢李旦，但被李旦拒绝了，她于是诬告李旦的老婆在家里扎小人诅咒武则天。

武则天一怒之下，把儿媳妇召进宫里杀害了——那是一怒之下吗？难道不是顺水推舟吗？她杀的是儿媳妇，震慑的是儿子呀！

被她杀掉的儿媳妇，就是唐玄宗和玉真公主的娘。

生长在这样的环境下，玉真怎能不心灰意冷？

后来，武则天还政李氏，李旦做了皇帝，成了唐睿宗。结果，他的妹妹太平公主又造反，一家子再次命悬一线。

算了，不如出家清净，还相对安全。

第七节
无鱼良可哀

第二天,李白就写了一首诗献给玉真公主,怕冒昧,请求张垍转交。

> 玉真之仙人,时往太华峰。
> 清晨鸣天鼓,飙欻腾双龙。
> 弄电不辍手,行云本无踪。
> 几时入少室,王母应相逢。
> ——《玉真仙人词》

张垍倒是守信,把这首诗转交给了玉真公主。玉真一看,还不错,这是个什么人呢?

张垍说:"就是一个乡下来投卷的诗人,个儿不高,眼睛倒是贼亮。我看了,没啥大用……"

玉真把诗放一边,不再管了。

李白没事就上山,顺路拜访张垍。一来二去,两人也算熟了。

后来,李白也住到了终南山——这是张垍给他出的主意。

张垍说:"玉真公主这阵子不打算住这儿,道观只有一个老人看门,要不我跟她说说,让你先住着?"

李白一听，行啊！总在别人家住着也多有不便，而且说不定什么时候玉真公主就回终南山修道了，他们还能一起谈谈仙道的事情，也算多个知音。

李白在山上迎来了寒冷的冬天。山里树干黑褐，草色白黄，让人越发觉得寒冷。山石也是冷的，细泉涌出成了冰柱，阳光一晒，晶亮反光。山里零星地住着一些人家，顺着山溪而盖，屋舍简陋。烧火倒是不缺干柴，所食不过粟米和野菜。至于盐，更是不大容易吃到，因为盐、铁都由国家专售，不允许私营。就算允许私营，这深山老林的，想买也不容易。

肯住在这里的人，若非被现实打击得只想遁世，就是修行已到家，可以忍受清寒。当然，还有一种可能——想要走捷径，就像卢藏用。

其实，终南山以前是真正的隐居之地。相传姜子牙入朝前就曾在终南山的磻溪谷隐居；秦末汉初，有东园公、夏黄公、绮里季、甪里四位先生，时称"四皓"，先隐居于商山，后隐居于终南山；"汉初三杰"的张良功成身退后"辟谷"于终南山南麓的紫柏山……

李白好游山玩水，对山水不排斥，在山里住更自在。

他还是好喝酒，所以常下山找人喝酒，喝完酒写诗。

> 暮从碧山下，山月随人归。
> 却顾所来径，苍苍横翠微。
> 相携及田家，童稚开荆扉。
> 绿竹入幽径，青萝拂行衣。
> 欢言得所憩，美酒聊共挥。
> 长歌吟松风，曲尽河星稀。
> 我醉君复乐，陶然共忘机。
>
> ——《下终南山过斛斯山人宿置酒》

日暮时分下山，山月与人同归。
回首来时小路，两旁满是苍苍翠色。
和老朋友相携进了农家院，给他们开门的是一个小孩。
院里有幽幽的小径，小径两旁是翠翠的青竹。
与朋友把酒言欢，喝到酣时边歌边吟诗。
喝得尽兴，聊得愉快，忘却了人间世俗。

等来等去，由秋等到冬，由冬等到春，玉真公主也没有回来。
下雨了，雨声连绵，李白太惆怅了：

> 秋坐金张馆，繁阴昼不开。
> 空烟迷雨色，萧飒望中来。
> 翳翳昏垫苦，沉沉忧恨催。
> 清秋何以慰，白酒盈吾杯。
> 吟咏思管乐，此人已成灰。
> 独酌聊自勉，谁贵经纶才。
> 弹剑谢公子，无鱼良可哀。

这是《玉真公主别馆苦雨赠卫尉张卿二首》中的一首。

东周齐国的孟尝君有门客三千，上等门客出去有车马，一般门客吃鱼肉，下等门客粗茶淡饭。

有个叫冯谖的来投奔孟尝君，此人穷得不行，管事的说他没什么本事，只能享受下等门客的待遇。

过了几天,冯谖靠着柱子敲他的剑唱:"长剑哪,咱们回去吧,吃饭没有鱼呀!"

孟尝君听说后吩咐:"给他鱼吃。"

过了几天,冯谖又敲打着他的剑唱起来:"长剑哪,咱们回去吧,出门没有车呀!"

孟尝君说:"给他配车。"

又过了几天,孟尝君问管事的,冯先生又提别的意见没有。管事的说,他又唱歌了,这回唱的是没钱养家。于是,孟尝君又派人给冯谖的老娘送吃的穿的。

孟尝君哪来的钱养这么多人?原来他在封地薛城向老百姓放债收利息。这天,他派冯谖到薛城去收债。冯谖问他:"需要我给您带什么东西回来?"

孟尝君说:"你看着办吧,我家缺什么就买什么。"

结果冯谖到了薛城后,一把火把老百姓的债券全都烧了,还说是孟尝君让烧的。这可把孟尝君气坏了:"钱没了,我们这好几千人吃什么!"

冯谖说:"您让我缺什么买什么,我觉得您这儿缺少的是老百姓的情义,所以我把'情义'买回来了。"

后来孟尝君的名气太大了,被齐王猜忌革职,回到了封地薛城。三千门客一哄而散,只有寥寥数人跟着他,其中就有冯谖。回到封地时,薛城百姓扶老携幼,都来迎接他。孟尝君说:"你过去给我买的'情义',我今天才看到哇。"

李白自忖满腹经纶,他也想当冯谖,可是,没有人肯当孟尝君。

这几句,显然是在讽刺张卿——也就是张垍呀。

第八节
谁知尧与跖

还有第二首:

…………
投箸解鹔鹴,换酒醉北堂。
丹徒布衣者,慷慨未可量。
何时黄金盘,一斛荐槟榔。
功成拂衣去,摇曳沧洲傍。

南朝宋刘穆之,年轻时家里穷,总是去丈人家吃白饭。一天,刘穆之吃饱了饭,想要吃槟榔,他的妻兄就笑话他:"槟榔是消食的呀,你总是挨饿,怎么想吃这个?"

后来刘穆之当了官,发了财,就把他的妻兄叫过来喝酒。酒足饭饱后,他让仆人用金盘盛了一大盘槟榔送上来,算是报了当年被讥嘲的仇。

李白这是在告诉张垍,不要笑话他穷困,将来说不定会怎样呢!

张垍见到许辅乾时呵呵笑:"你那个亲戚呀,可真是的,又不是我不想管他,我不是还把玉真公主介绍给他了吗?你看看他给我写的诗……"一边说,一边把诗拿出来,"麻烦你给他解释解释,我官小职微,请他理解理解……"

许辅乾看了诗,暗叹一声,这小子岁数不算小了,怎么冒冒失失的。我们同朝为臣,为了你一个,得罪人家一大家子。

李白回了许辅乾的家,准备在城里住一阵子,顺便再问问老许,还有没有别的门路可走。结果总是见不着人,下人不是说老爷在忙,就是说老爷休息了。

有一天,许辅乾居然主动来找李白了。

李白正在床上躺着,无聊地数着椽子,一见许辅乾来了,大喜过望,赶紧起身,洗杯子准备泡茶。

许辅乾笑呵呵地让他张罗,一屁股坐在八仙椅上:"这阵子怎么样?你看我太忙,总没空见你。"

李白回:"挺好的。长安我也熟了,还认识了不少人。"

"常在长安,不想家?你的岳父身体还好吧?妻子呢?她身子弱,你不担心吗?你看你已经成家了,虽然我舍不得你,但总不能一直霸着你不让你走吧……"

李白的脸唰地红了,嗫嚅半天,才找着词儿:"是,是这样……正好我也收到了家信,正准备向您辞行呢……我明天一早就走。"

"啊?这么着急!好吧好吧,我知道你归心似箭,"许辅乾扬声,"来人。"

下人进来。

许辅乾一边吩咐下人去让账房准备些盘缠,一边站了起来:"我也很忙,还有客人要招待,那就这样吧,回去替我向家里人问好,明天我就不送你了……"

许辅乾走了。李白呆呆地坐到半夜。

是的,他受了很大挫折,他一直都在受挫折。

清早起来,打量四周,也没什么行囊可收拾。就两件衣裳,包了包,背在背上。到大门时,许家的下人给他送程仪,他有心不要,想了想还是接了。

许家位于距离皇宫不远的富人区，越往外走，街道两边的房屋越低矮破旧。不知不觉间，他来到了西市，住进了一家小客栈。有时候两个胡饼是一顿，有时候一碗槐叶冷淘也当一餐。

长安城真好啊，又大又繁华。

拥挤的街道上，人来人往。各色小吃都开了张，香气直往行人的鼻子里灌。平康里的空气有甜腻的味道，两侧高楼传出丝竹声声，勾人心痒。赌场前，有人输光了盘缠，有人带着胀鼓鼓的钱袋往里面钻。愤青才子屡试不第，喝酒泄愤。他们骂考官无眼，骂世道不公，骂权贵子弟胸无点墨，却占尽风光，叹自己胸怀大志却没机会施展。

李白看到斗鸡儿贾昌的车驾，威风赫赫。想到公侯府衙彼此勾连，霸占权位，无根无蒂的人，永无出头之日，心中不由激愤：

大车扬飞尘，亭午暗阡陌。
中贵多黄金，连云开甲宅。
路逢斗鸡者，冠盖何辉赫。
鼻息干虹蜺，行人皆怵惕。
世无洗耳翁，谁知尧与跖。

——《古风·大车扬飞尘》

可是，再激愤也没用，此时的玄宗宠幸高力士。

高力士是在武则天时期净身入宫的，谨慎细密，擅传诏令。玄宗还是藩王的时候，他就倾心侍奉。随着李隆基最终登顶，高力士也是步步升迁，官高位显。就在不久前，玄宗还追赠高力士的父亲广州大都督的官职，给了他母亲麦氏越国夫人的封号。

因为高力士办事妥帖，有些小事唐玄宗便让他代替圣意，自行裁决。唐玄宗说："力士应承于前，我歇息则安稳。"

这么一来，凡是想政治上进步的，都得和高力士搞好关系。宇文融、李林甫、李适之、盖嘉运、韦坚、杨慎矜、王铁、杨国忠、安禄山、安思顺、高仙芝这些人，都因为和高力士交好得了高位。

总的说来，高力士确实没有犯过什么大的戳破天的过失，但是他引荐保举的那些人真是一言难尽哪。李林甫、杨国忠是误国的种子，安禄山干脆就是祸国的杀神。

满朝都是高力士的朋友故旧、门生弟子，在后官，他是"爷"字辈的，连太子都得叫他一声"二兄"，诸王公主称他为"阿翁"，驸马们称其为"爷"。

李白一边听船夫唠叨这些闲话，一边摇头叹气。人家虽是个内侍，可是看人家这本事！

第四章 多歧路

第一节
多歧路，今安在

一天，一个叫陆调的人来找李白——陆调是他在长安结识的一个朋友，两人要了一壶酒、两碟小菜，喝了起来。

陆调问："李兄，你知道邠州长史不？"

李白摇头："不知道。"

"邠州长史李粲，李大人，"陆调喝得有点多，"那家伙有钱，三日一小宴，五日一大宴，特别喜欢结交天下名士。"

李白夹一筷子菜，漫不经心地说："咱又不是名士……"

陆调很郑重地看着他："你怎么不是名士？李兄，切不可妄自菲薄。"

陆调喝得脸红红地走了，李白晕晕乎乎地躺在小旅馆的床上想事。

邠州的治所在新平，去不去？

去！李白想，李长史好客的名声都传到三百里外的长安了，好歹也得去碰碰运气。

金樽清酒斗十千，玉盘珍羞直万钱。
停杯投箸不能食，拔剑四顾心茫然。
欲渡黄河冰塞川，将登太行雪满山。
闲来垂钓碧溪上，忽复乘舟梦日边。
行路难！行路难！多歧路，今安在？

长风破浪会有时,直挂云帆济沧海。
——《行路难·其一》

哪怕面前的金杯里,盛着的美酒一斗价值十千钱。

哪怕我面前的玉盘里,盛着的佳肴一盘值一万。

可是我仍旧停了酒杯扔了箸,心头一片茫然,拔剑四顾,四周一片迷雾。

我想要渡过黄河,可是寒冰堵了河路;我想要登上太行,可是又被大雪所阻。

我实在无事可做,要去碧溪垂钓,可是忽然又梦见坐着大船,到了辉煌的日边。

可是我怎么才能够到达那辉煌的日边?我的路怎么那么难!我的路怎么那么难!那么多条路,现在怎么一条都走不通?

别着急,不要怕,稳着点,耐心些,总有一天能够乘风破浪,直挂云帆,直达沧海。

——这是李白的心里话。是他的悲伤,他的沮丧,他的茫然,他的百折不挠的志向。

李粲确实好客,他很欣赏李白的诗文,不仅请李白吃饭,还热情地邀请他住到自己府上。李白客气了两句,就搬了过去。

喝酒的时候,李粲会带上李白,可以让他即席赋诗。李粲特别喜欢宴饮,缺的就是像李白这样能够肆意挥洒的人。

大家都夸李白的诗作得好,也给他定了位:一个有才华的帮闲。

有那聪明的帮闲,会利用和长史的关系,替人说事饱私囊。但是李白不擅长这个,心里也瞧不起这样做的人。他想要一方天地施展政治才能,可惜没人给他提供机会。

而且,随着他住得越来越久,李长史的热情也越来越少。李白刚来的时候,李长史照顾他照顾得无微不至,如今却对他不闻不问。来的时候是暑热天气,穿着单衣;如今天气凉了,李白连御寒过冬的棉袄都没有预备。怎么办?写诗:

> 豳谷稍稍振庭柯,泾水浩浩扬湍波。
> 哀鸿酸嘶暮声急,愁云苍惨寒气多。
> 忆昨去家此为客,荷花初红柳条碧。
> 中宵出饮三百杯,明朝归揖二千石。
> 宁知流寓变光辉,胡霜萧飒绕客衣。
> 寒灰寂寞凭谁暖,落叶飘扬何处归。
> 吾兄行乐穷曛旭,满堂有美颜如玉。
> 赵女长歌入彩云,燕姬醉舞娇红烛。
> 狐裘兽炭酌流霞,壮士悲吟宁见嗟。
> 前荣后枯相翻覆,何惜余光及棣华。
>
> ——《豳歌行上新平长史兄粲》

秋天来了,豳谷冷落。树叶落下,水急扬波。哀鸿悲鸣,愁云苍苍。想起我离开家乡、到此旅居时,荷花刚红,柳条才碧。谁知道天气变得快,转眼就这么冷了。守着一堆灰烬,谁能给我一点温暖?眼瞅着落叶飘扬,我又能归于何处?吾兄啊,你日日行乐,从早到暮,满堂美人,个个如玉。赵女为你唱歌,燕姬为你跳舞。穿狐裘、守兽炭、喝美酒,听不见壮士的悲吟。前荣后枯,谁知道谁以后会落到什么样的境地。你既有余光,何至于如此吝惜,不帮我一帮。

李粲读了李白这首诗,心里说不出的腻歪。咋的,你这是赖上我了?我有酒有肉不假,可我又没吃你喝你的。我有美女陪伴不假,可她们又不是你媳妇。我有御寒冬衣不假,天底下受冻的人多了,难道都要我给他们棉衣穿吗?还说什么风水轮流转,可是风水再怎么转,也没有我求你的那一天。

于是李粲给李白写了一封介绍信,把他介绍走了。

第二节
不想下山，只想修仙

李粲这封信是写给坊州司马王嵩的。

坊州在长安正北面，王嵩主管此地军事。李白一想，这不是与自己所学契合吗？他学过排兵布阵，又习了剑术，又有报国安邦的大志向，正好一展长才。

李白带着书信去了坊州，住在一家小旅馆里，等待王嵩的召唤。王嵩请客时会派人把他叫去，他依照惯例，喝酒吃菜，即席赋诗。

在《酬坊州王司马与阎正字对雪见赠》一诗中有这样一句：

> 主人苍生望，假我青云翼。
> 风水如见资，投竿佐皇极。

希望主人能借我一双可直上青云的翅膀，帮助我顺风顺水。我一旦获得机遇，就会立刻放弃隐逸的打算，像当年的姜太公一般，尽力辅佐帝王，救济苍生。

王嵩读了这首诗，感叹道："要是有这样的机会，还轮得着你？"

李白又没希望了，只好作诗留别，转身离开。

去哪儿呢？他很茫然。

大道如青天，我独不得出。
羞逐长安社中儿，赤鸡白雉赌梨栗。
弹剑作歌奏苦声，曳裾王门不称情。
淮阴市井笑韩信，汉朝公卿忌贾生。
君不见昔时燕家重郭隗，拥篲折节无嫌猜。
剧辛乐毅感恩分，输肝剖胆效英才。
昭王白骨萦蔓草，谁人更扫黄金台？
行路难，归去来！

——《行路难·其二》

　　李白又回到长安，无所事事，漫游浪荡。结交一帮子浪荡子，在玄武门跟人打架，还惊动了宪台，如果不是被陆调救出，他就得吃牢饭。

　　通过陆调，李白认识了王炎。此时，王炎想要去蜀中，李白便作了一首《剑阁赋》：

　　咸阳之南，直望五千里，见云峰之崔嵬。前有剑阁横断，倚青天而中开。上则松风萧飒瑟飓，有巴猿兮相哀。旁则飞湍走壑，洒石喷阁，汹涌而惊雷。

　　送佳人兮此去，复何时兮归来？望夫君兮安极，我沉吟兮叹息。视沧波之东注，悲白日之西匿。鸿别燕兮秋声，云愁秦而暝色。若明月出于剑阁兮，与君两乡对酒而相忆。

　　又写了一首《送友人入蜀》：

见说蚕丛路,崎岖不易行。
山从人面起,云傍马头生。
芳树笼秦栈,春流绕蜀城。
升沉应已定,不必问君平。

赋和诗都中规中矩,格调低沉。可是他越写越愤怒,越写越想把天捅个窟窿。自己如此辗转,到最后前程何在!功业何在!壮志何在!

为了这劳什子的命运,我远离了家乡,我的家乡何在!

你们看哪,它在那你们抵达不了的远方!

你们听哪,有巴猿在深深的丛林啼叫!

你们想去吗?那你们去吧,你们的宝地不肯容我,我的家乡,你们想去也是千难万难!

于是砰訇万顷雷的《蜀道难》诞生了!

李白想念故乡,但是,他又不想回到故乡。

李白看起来如风如火,写起诗来如银瓶乍破、刀枪铿鸣,实际上是个沉郁而执拗的人。

他想建功。

激愤也激愤过了,低下头来,叹口气,抬起头来,看看天,还是得找一条出路哇。

开元十九年(731)秋天,李白出了长安,到了嵩山。

他知道元丹丘正在嵩山修炼。

一路行来,山路蜿蜒,树叶已经黄落,层层堆积;清流潺潺,时有游鱼。

想着马上就能见到好友了,李白长出了一口气。

推门而进,嗯?推不开。

老友不在。

原来元丹丘又去云游了。李白扑了个空。

既来之则安之,李白遍游三十六峰,尽访嵩山胜迹。

他寻访驾鹤升仙的王子晋,那当然是找不到的了,于是赋诗一首:

> 吾爱王子晋,得道伊洛滨。
> 金骨既不毁,玉颜长自春。
> 可怜浮丘公,猗靡与情亲。
> 举手白日间,分明谢时人。
> 二仙去已远,梦想空殷勤。
> ——《感遇》

他又跑去寻访女道士焦炼师。据说这个女道士已经一百多岁了,但是看上去只有五六十岁。她住在太室山下的石室中,餐风饮露,行步如飞,千里之遥,朝发夕至。李白也没寻访到她,于是又作诗一首:

> 二室凌青天,三花含紫烟。中有蓬海客,宛疑麻姑仙。
> 道在喧莫染,迹高想已绵。时餐金鹅蕊,屡读青苔篇。
> 八极恣游憩,九垓长周旋。下瓢酌颍水,舞鹤来伊川。
> 还归空山上,独拂秋霞眠。萝月挂朝镜,松风鸣夜弦。
> 潜光隐嵩岳,炼魄栖云幄。霓裳何飘飘,凤吹转绵邈。

愿同西王母,下顾东方朔。紫书傥可传,铭骨誓相学。

——《赠嵩山焦炼师》

后人赞他绣口一吐,就是半个盛唐。可这煌煌盛唐,又是怎么对待这位浪漫的诗人的?搞得他不想下山,只想修仙了!

第三节
又失败了

李白越想,避世的元丹丘越出尘。他的人生观、世界观、价值观越发向元丹丘靠拢,给他写了好多诗,什么《题元丹丘山居》《题元丹丘颍阳山居》《观元丹丘坐巫山屏风》《元丹丘歌》……

> 故人栖东山,自爱丘壑美。
> 青春卧空林,白日犹不起。
> 松风清襟袖,石潭洗心耳。
> 羡君无纷喧,高枕碧霞里。
> ——《题元丹丘山居》

在洛阳,李白又结识了元丹丘的从兄元演。

元演当时是亳州参军——凡是有官职在身的,或者觉得有一点机会的,李白都很努力去结识。在他后来写的《忆旧游寄谯郡元参军》一诗中,有熟不拘礼的亲热,和与有荣焉的骄傲:

> 忆昔洛阳董糟丘,为余天津桥南造酒楼。
> 黄金白璧买歌笑,一醉累月轻王侯。
> 海内贤豪青云客,就中与君心莫逆。

回山转海不作难，倾情倒意无所惜。
我向淮南攀桂枝，君留洛北愁梦思。
不忍别，还相随。
…………

洛阳的春夜如水，嘈杂的市井声渐消，悠扬的玉笛声传来。
李白想家了。

谁家玉笛暗飞声，
散入春风满洛城。
此夜曲中闻折柳，
何人不起故园情。
——《春夜洛城闻笛》

开元二十年（732），李白回到了安陆家中。

妻子的病还是那样，面色总是黄弱，声气虚得像连不起来的雨。
许大郎看见他，脸上是明晃晃的嫌弃和瞧不起。
李白靠着收来的田租过着不咸不淡的日子，喝酒散闷，越喝越多。
妻子又难过又气："你就不能少喝点吗？你看你都成什么样子了！"
远远地许大郎路过，飘来一句："烂泥扶不上墙……"

李白又出门了。
开元二十二年（734），李白去了襄阳。

听说韩朝宗喜欢提拔后生,颇受时人敬重,他要去找襄州刺史韩朝宗投刺。李白写了一篇《与韩荆州书》,开篇仍是极尽吹捧之词:

> 白闻天下谈士相聚而言曰:"生不用封万户侯,但愿一识韩荆州。"何令人之景慕,一至于此耶!岂不以有周公之风,躬吐握之事,使海内豪俊,奔走而归之,一登龙门,则声价十倍!所以龙蟠凤逸之士,皆欲收名定价于君侯。

我听说谈论世事的人聚集在一起时会说:"人生在世不必封为万户侯,只愿结识韩荆州。"因为什么竟使人景仰爱慕到如此程度呢!

再说明目的:

> 愿君侯不以富贵而骄之、寒贱而忽之,则三千之中有毛遂,使白得颖脱而出,即其人焉。

希望君侯不因自己富贵而傲视他们,也不因他们寒贱而轻忽他们,在众多宾客中定有毛遂那样的奇才,假使我李白能有脱颖而出的机会,我就是那样的人哪。

然后做自我介绍:

> 白,陇西布衣,流落楚、汉。十五好剑术,遍干诸侯。三十成文章,历抵卿相。虽长不满七尺,而心雄万夫。皆王公大人许与气义。此畴曩心迹,安敢不尽于君侯哉!

我是陇西平民，流落在楚、汉一带。十五岁好剑术，拜访了许多地方长官；三十岁文风有成，屡次拜谒朝廷高官。尽管我身高不满七尺，但心志超过万人。

继而毛遂自荐：

> 君侯制作侔神明，德行动天地，笔参造化，学究天人。幸愿开张心颜，不以长揖见拒。必若接之以高宴，纵之以清谈，请日试万言，倚马可待。

假如能用盛大的宴席招待我，任我纵情畅谈，那么我请以万言来测试，我将手不停笔，倚马而待。

然后使激将法：

> 今天下以君侯为文章之司命，人物之权衡，一经品题，便作佳士。而君侯何惜阶前盈尺之地，不使白扬眉吐气，激昂青云耶？

今天下人以君侯为评论文章的主宰，权衡人物的权威，士人一经您的好评就可成为德才兼备的佳士。君侯为什么要吝惜庭阶前一尺见方的地方，不使我李白扬眉吐气，奋发昂扬于青云之上呢？

再亮明志向：

> 昔王子师为豫州，未下车，即辟荀慈明，既下车，又辟孔文举；山涛作冀州，甄拔三十余人，或为侍中、尚书，先代所美。而君侯亦荐一严协律，入为秘书郎，中间崔宗之、房习祖、黎昕、许莹之徒，或以才名见知，或以清白见赏。白每观其衔恩抚躬，忠义奋发，以此

感激,知君侯推赤心于诸贤腹中,所以不归他人,而愿委身国士。傥急难有用,敢效微躯。

知道君侯对许多贤人赤诚相待,所以我不归依他人,而愿把身心命运托付给国中才德至高的人。倘使在急难之际,有用得着我的地方,我自当献身效命。

总之,李白用了一百二十分的力气,希望打动韩刺史。

结果又失败了。

第四节
醉饱无归心

大多数人都活在自己的成见里,像拿着一个圆圈套苹果,苹果太大了,进不了自己的圈;小得像枣似的,又直接漏下去了,更没戏。

韩朝宗觉得,这个叫李白的,写的是什么东西!癞蛤蟆鼓肚皮,好大的口气。你想让我"接你以高宴,纵你以清谈"?你想要"日试万言,倚马可待"?你还想要"扬眉吐气,激昂青云"?凭什么!

李白左等等不来消息,右等等不来消息。待他听说乡里已经有人受到了韩刺史的接见时,他简直要被活活气死了,又喝了个烂醉。

落日欲没岘山西,倒著接䍦花下迷。
襄阳小儿齐拍手,拦街争唱《白铜鞮》。
旁人借问笑何事,笑杀山公醉似泥。
鸬鹚杓,鹦鹉杯。
百年三万六千日,一日须倾三百杯。
遥看汉水鸭头绿,恰似葡萄初酦醅。
此江若变作春酒,垒曲便筑糟丘台。
千金骏马换小妾,醉坐雕鞍歌《落梅》。
车旁侧挂一壶酒,凤笙龙管行相催。
咸阳市中叹黄犬,何如月下倾金罍?

君不见晋朝羊公一片石,龟头剥落生莓苔。
泪亦不能为之堕,心亦不能为之哀。
清风朗月不用一钱买,玉山自倒非人推。
舒州杓,力士铛,李白与尔同死生。
襄王云雨今安在?江水东流猿夜声。
　　　　　——《襄阳歌》

　　李白又去了江夏。在江夏,他遇见了一个人:宋之悌——宋之问的弟弟。
　　宋之悌因为犯了事,被判罪流放,路过江夏。二人不知怎么就认识了,反正都不得意,同病相怜。他们喝了场酒,然后两相分别,我送你离开,千里之外:

楚水清若空,遥将碧海通。
人分千里外,兴在一杯中。
谷鸟吟晴日,江猿啸晚风。
平生不下泪,于此泣无穷。
　　　　　——《江夏别宋之悌》

　　李白真不是那种悲悲戚戚的人,他高兴就是晴天落白雨,发怒就是九天降神雷,委委屈屈地啼哭的时候很少。可是因与宋之悌境遇相似,他不禁悲从中来,泪流个不止。
　　此时的李白并不知道,将来他的小命,是宋之悌的儿子宋若思救的。

　　与宋之悌短暂相会后,李白回了家。

百无聊赖之时，友人元演来信了，他邀李白前往洛阳，与他同游太原。

开元二十三年（735）五月，山风虽凉而骄阳烈烈。所谓"羊肠坂诘屈，车轮为之摧"，历经半个月的"摧轮不道羊肠苦"，他们终于走进并州治所的城门。

元演是来探亲的，他的父亲是太原府尹。

元老先生热情地招待了儿子的朋友，多年后，李白还记忆犹新：

君家严君勇貌虎，作尹并州遏戎虏。
行来北京岁月深，感君贵义轻黄金。
琼杯绮食青玉案，使我醉饱无归心。
…………

北京即太原，它与东都洛阳、国都长安并称三都，是北方边塞重镇，李渊的龙翔之地。沾了唐高祖的光，太原在开元十一年（723）升格为北京。

李白喜欢晋祠，此地有周朝的古柏和周成王"桐叶封弟"的唐叔虞祠，有供奉他们母亲邑姜的圣母殿，还有唐太宗亲笔写的《晋祠铭并序》碑。他在晋祠流连忘返，手抚古木，心情轻快：

时时出向城西曲，晋祠流水如碧玉。
浮舟弄水箫鼓鸣，微波龙鳞莎草绿。
…………

李白在太原玩了两个来月，时已入秋。

岁落众芳歇，时当大火流。

霜威出塞早，云色渡河秋。

梦绕边城月，心飞故国楼。

思归若汾水，无日不悠悠。

　　　　——《太原早秋》

　　他想回家了，想起了自己的妻子，于是随手拿起搁在案上的笔，揿了墨，作《赠内》诗：

三百六十日，日日醉如泥。

虽为李白妇，何异太常妻。

　　一年三百六十天，我天天喝得烂醉如泥。你虽然是我李白的夫人，但和那个整天都不顾家的周太常的妻子有什么区别呢？

　　大男子主义的李白难得地表达了对妻子的愧疚。

　　结果，元演和元伯父一起留他，他们都是热诚的人：早秋时节，正好围猎和放鹰，你不看看吗？看了能作诗的哦，能作很好的诗。

　　这样啊，行吧，好。

　　汾河之滨，草野旷茫，猎场上，太守大显神威。

太守耀清威，乘闲弄晚晖。

江沙横猎骑，山火绕行围。

箭逐云鸿落，鹰随月兔飞。

不知白日暮，欢赏夜方归。

　　　　——《观猎》

第五节
与尔同销万古愁

一眨眼,李白在太原又住了好几个月。开心之余,更有因前途无着的惆怅:

> 燕赵有秀色,绮楼青云端。
> 眉目艳皎月,一笑倾城欢。
> 常恐碧草晚,坐泣秋风寒。
> 纤手怨玉琴,清晨起长叹,
> 焉得偶君子,共乘双飞鸾。
>
> ——《古风·其二十七》

你可以说他是在写女人,写妓女,写妓女想找个好人、老实人成亲,但是找不着。也可以说他这是在自况自比,想要找一个可以托付壮志的人,但找不着。

青年出川,仗剑去国,辞亲远游,南穷苍梧,东涉溟海。三十万金散尽,走投无路,入赘安陆。为求前程,上书李长史、裴长史,"遍干诸侯"无果;又赴长安,"历抵卿相",但所遇非人,所求成泡影。想济世,世界不稀罕你;想报国,国家不知道有你这号人。

开元二十四年(736),李白离开太原。走的时候,元府尹赠他狐裘、名马和盘缠。

路上，李白在洛阳又遇到了元丹丘。丹丘刚从蜀中返回，两个人有说不完的话。但是李白想家了，他要回安陆。

有的人情深，有的人情浅；有的人情重，有的人情轻；有的人重色轻友，有的人重友轻色，一样米养出来的何止百样人。

李白对山河情深，对故园情浅；对朋友情重，对夫妻情轻。可是轻不等于没有，再说了，他还有孩子。

于是，这一次，他难得地急急启程回了安陆，结果和来看望他的岑勋失之交臂。李白虽然到处碰壁，但是他的诗已经有了名气，岑勋算是他的粉丝。元丹丘给李白修书一封，戏谑地告诉他，他的粉丝没见到他，有多失望，还附了岑勋的一首诗。

李白看到来信，那个高兴，又不肯在家里待了，背上行李又走了。

黄鹤东南来，寄书写心曲。
倚松开其缄，忆我肠断续。
不以千里遥，命驾来相招。
中逢元丹丘，登岭宴碧霄。
对酒忽思我，长啸临清飙。
蹇予未相知，茫茫绿云垂。
俄然素书及，解此长渴饥。
策马望山月，途穷造阶墀。
喜兹一会面，若睹琼树枝。
忆君我远来，我欢方速至。
开颜酌美酒，乐极忽成醉。

我情既不浅,君意方亦深。

相知两相得,一顾轻千金。

且向山客笑,与君论素心。

——《酬岑勋见寻就元丹丘对酒相待,以诗见招》

李白与丹丘互叙完别情,元丹丘又拉着他,给他介绍岑勋。

三人坐到一起,就不喝茶了,李白不喜欢喝茶。

他大声叫唤:"店家!店家!"

小二赶紧跑过来:"客人有什么吩咐?"

"上菜,卤牛肉!烤羊肉!切一盘鱼脍!什么蔬菜新鲜上什么蔬菜!把你们店里最好的酒拿上来!快!"

"好嘞!"小二一溜烟跑进后厨传话去了。

三个人一边吃喝,一边闲谈。不一会儿李白就喝多了,大着舌头汇报他这一趟远行游历的体会和成果。体会是又苦又涩,成果是没有成果。

岑勋像兄长一样,见李白又要倒酒,伸手拦住他:"太白兄,别喝了,你喝得太多了。"

"怕……怕……什么!"李白抱起坛子往酒碗里倒,"人生得意……须尽欢……"

咕咚咕咚,又一碗下去了。

元丹丘也拦他:"太白,咱没钱了,下回喝,听话。"

李白扬手:"没事,没……事,我有钱,我有马,我有裘袄,卖……卖了它们……"

一边说着,忽然灵光一闪,扭头大叫:"店家,拿笔墨!"

"来啦!"唐朝的风俗是这样,诗文盛行,店家都习惯备上笔墨纸砚,随时准备有人题诗题字。

很快笔墨奉上，李白凝目提笔，略一思索，笔走龙蛇，文不加点，一挥而就，惊天一诗，破空而来！

> 君不见，黄河之水天上来，奔流到海不复回。
> 君不见，高堂明镜悲白发，朝如青丝暮成雪。
> 人生得意须尽欢，莫使金樽空对月。
> 天生我材必有用，千金散尽还复来。
> 烹羊宰牛且为乐，会须一饮三百杯。
> 岑夫子，丹丘生，将进酒，杯莫停。
> 与君歌一曲，请君为我倾耳听。
> 钟鼓馔玉不足贵，但愿长醉不复醒。
> 古来圣贤皆寂寞，唯有饮者留其名。
> 陈王昔时宴平乐，斗酒十千恣欢谑。
> 主人何为言少钱，径须沽取对君酌。
> 五花马，千金裘，呼儿将出换美酒，
> 与尔同销万古愁！
> ——《将进酒》

第六节
没有读书人的样子

三个人又是尽欢而散,李白带着一身酒气启程回家。

他的妻子已经病了很久。

许氏一直病恹恹的,但是对夫妻琴瑟和鸣有着粉红色的向往,但是没用,她嫁给了风一样的男人。

她先后生下一女一子,女儿取名平阳,儿子取名伯禽,小名明月奴。

汉武帝的姐姐叫平阳,伯禽是西周时周公的长子的名字。至于明月奴,李白喜欢明月,"奴"在当时是爱称,他有一个月亮一样的小宝贝。

李白东奔西走,许氏在家带着俩孩子过日子。

他回来了,顶着丈人家的冷落和白眼,一边照顾病中的妻子和稚女幼儿,一边整理自己十年来的诗稿。除了少数的应景之作,基本上都是求人汲引的诗。《楚辞》有"骥垂两耳兮,中坂蹉跎"之句,他又何尝不是那匹拖着盐车在太行山山间小道上艰难跋涉的颡马?仕途奔波,前途无望,"我本不弃世,世人自弃我"。

大约在这个时间段,李白在巴陵结识了王昌龄。

王昌龄比李白大三岁,进士及第,又两次选博学鸿词科。开元二十六年(738),因事获罪,谪赴岭南,次年遇赦北还。萧萧黄叶满天秋,王昌龄在巴陵遇李白,作《巴陵送李十二》:

摇曳巴陵洲渚分，清江传语便风闻。
山长不见秋城色，日暮蒹葭空水云。

不久，李白的妻子许氏去世，生时寂寞，死时寒凉。

老婆死了，李白在丈人家安身不牢，许大郎也盯着他们家的财产，他一个外姓人，性子又高傲，受不得这风刀霜剑，干脆带上微薄的家财与儿女，离开了安陆。

对于安陆来说，李白只是一个过客；对于李白来说，安陆也不是家乡。

李白去了东鲁。

清晨，朝露打湿屋脊，大街上有人往来，有店铺开张，有小贩叫卖。小娃背着书袋去学堂，一边走一边揉眼睛，一副没睡饱的模样……

人人都有个家，父子仨的家，在哪儿呢？

东鲁，其实就是春秋时鲁国的所在地，孔子、孟子、墨子、鲁班，都是这里人。

不过李白不是冲着孔孟来的，他不大喜欢儒生——那种摇头晃脑、死抠字眼、食古不化的人。

他有一个远房的亲戚在任城当县令，还有几个远房的兄弟在瑕丘等县城做佐吏，有他们在，也算有个依靠；另外，他也想要另辟蹊径，既然靠诗文不能出头，那就靠武功——他来此想要拜名师。

据《独异志》载，裴旻"掷剑入云，高数十丈，若电光下射，旻引手执鞘承之，剑透空而入，观者千百人，无不凉惊栗"。据说画家吴道子就是因为见了裴旻剑舞,受了启发,画得更好了。

斐旻不仅剑术好,箭艺也佳,北平多虎,他一日射虎三十一头。

李白是这么说他来山东的目的的:

> 顾余不及仕,学剑来山东。

《翰林学士李公墓碑》中记载:

> 常心许剑舞。裴将军,予曾叔祖也。尝投书曰:"如白愿出将军门下。"

因为这句话,很多人认为李白拜入裴旻门下,成了他的弟子。其实,斐旻是武将,常年戍守边关,李白想拜师又哪儿来的机会?这不过是他的一厢情愿罢了。否则,李白给别人赠了那么多诗,赠汪伦、赠孟浩然、赠杜甫、赠王昌龄、赠杨山人、赠友人,怎么没见他给斐旻赠诗?说不定"如白愿出将军门下",不过是他的毛遂自荐。

李白之所以想学武,是因为朝廷重文也重武——李白也是被逼得没办法了,要不谁愿意半道上弃文从武?他的诗明明写得那么好。

为了当官,也是蛮拼的。

可是不当官,他又能干什么呢?

种地吗?他不会。

经商吗?一是没本钱,二是经商是贱业,三是小买卖怕吃,大买卖怕赔,他这好交朋友、有钱撒手没的性子,不够他吃和赔的。

手艺?他又没有。

士农工商,除了士,他再无路可走。

而真正的读书人、士子,又瞧不上他。太风流了,太散漫了,一点都不严谨,一点都不端方,一点没有读书人的样子。

第七节
白发死章句

遥远的年代,圣人开智,流惠万民。孔子这一脉儒者,支撑起了封建社会的门庭。君君臣臣,父父子子,稳稳当当地固定住了天地四角。

儒学传承到了唐代,出现了许多的酸儒、腐儒——那个时代的酸儒、腐儒还不厉害,后来的酸儒和腐儒才叫厉害,搞什么贞节牌坊,搞什么父母之命、媒妁之言,搞什么男女大防。

没错,儒圣先贤是讲究克己复礼,但是后世儒生给搞成了一个"礼"字包打天下,这就讨厌了!

唐朝还没有这么夸张,但是好好的经,也被歪嘴和尚给念坏了。所以,李白遭到了东鲁儒生的指斥和排挤。

而他头角峥嵘,是不肯低头的。

怎么办?骂啊!

鲁叟谈五经,白发死章句。
问以经济策,茫如坠烟雾。
足著远游履,首戴方山巾。
缓步从直道,未行先起尘。
秦家丞相府,不重褒衣人。
君非叔孙通,与我本殊伦。

时事且未达，归耕汶水滨。
——《嘲鲁儒》

鲁地的那群老头子谈论"五经"，都一头白发了，也就只有死抠字眼的本事。问他经世致用的策略，他们就茫茫然如同坠入雾中。你看他们哪，脚穿远游的文履，头戴方山的巾子。沿着直道缓缓迈步，还没出发已掀起了尘土。秦相李斯都不肯重用儒生，你们又不是达于时变的通儒叔孙通，和我也不是一类人。时事一概不懂，泥古不化，我看你们还不如回到汶水边乖乖躬耕。

可以说是骂得很狠了。

李白不是一个人在战斗，他又交到了朋友。

在亲戚的帮助下，李白靠着微薄家财置了几亩薄地，盖了两间蜗居，安置了儿女和自己。他安家的地方，在兖州郡瑕丘城的东郊外，距曲阜约三十里。

然后，又开始呼朋引伴了。

山东有名士——孔巢父、韩准、裴政、张叔明、陶沔，均在徂徕山竹溪隐居。李白和他们打成了一片，被世人称为"竹溪六逸"。

竹溪位于徂徕山西南麓的乳山脚下，峰峦突起，一川萦回，林木翠锦，凤尾萧萧。沿溪而行，溪水淙淙，逶迤西注，芳草葳蕤，杂树生花。

李白的诗里有朋友的影子：

猎客张兔罝，不能挂龙虎。
所以青云人，高歌在岩户。
韩生信英彦，裴子含清真。
孔侯复秀出，俱与云霞亲。

峻节凌远松,同衾卧盘石。
斧冰漱寒泉,三子同二屐。
时时或乘兴,往往云无心。
出山揖牧伯,长啸轻衣簪。
时宵梦里还,云拜竹溪月。
今晨鲁东门,帐饮与君别。
雪崖滑去马,萝径迷归人。
相思若烟草,历乱无冬春。

——《送韩准、裴政、孔巢父还山》

打猎的人张开捉兔的网,是抓不住龙与虎的。
心向青云的人哪,在岩门高歌。
韩准先生您可真是英才出众,裴政先生您也纯洁质朴。
孔巢父您是美好特出,你们哪,都与云霞相亲。
节操峻拔,远在古松之上,磐石之大,够三人高卧同衾。
斧头破冰,可用寒泉之水洗漱,三人可以同穿两只屐履。
时时都有诗兴高扬,清净如无心之云。
得了,出山去吧。
总是梦到你们回来了,说是要拜会竹溪之中的明月。
今天一早我就在鲁城东门等待,要设帐与三位话别。
雪满山崖,离去的马蹄打滑,藤萝满径,让归来的人无路可行。
我对你们的思念如烟如草,缭缭乱乱,分不清冬春。

这"六逸"整天不理世事,吟咏啸歌。

可是，李白是玩不起的。他是个带俩孩子的老光棍儿，还因为好喝酒，搞得家徒四壁。除了会写两笔诗，会舞两把剑，一无所长。

所以，当一个寡妇愿意跟他搭伙过日子的时候，他基本上没的挑。

人总是梦想着远方，而俯身过着眼前的苟且。

为鼓励生育，增加人口，唐朝还有授田制度。开元二十五年（737）令：入籍丁男给永业田二十亩、口分田八十亩，黄小中丁男女……各给永业田二十亩，此外还有院宅地。

所以，一个姓刘的寡妇嫁给了他。

夫人天天和他吵架，嫌他不挣钱，只知道喝酒。

他捂着耳朵大叫："你就不能贤惠点吗？男人喝点酒怎么了？交几个朋友怎么了？嫌我没能耐，你还嫁我！"

第五章 入长安

第一节
接旨

此时，玄宗已经将杨玉环召入后宫。

玉环十六岁时嫁给了玄宗与武惠妃的儿子寿王李瑁，被册立为王妃时，玄宗以父皇的身份接受小两口的叩拜，在婚诏中称赞她"含章秀出"。

婆婆武惠妃常召杨玉环入宫做伴，玄宗来看武惠妃时，她就在一旁侍立，陪着说笑。玄宗越看她，越觉得她面如银盘，眼如水杏，含羞带怯，如露如玉，真美。

开元二十五年（737），武惠妃死了。玄宗伤感，觉得空虚寂寞冷。高力士晓得主子心事，在他心头烧了烧火，十九岁的杨玉环就被五十三岁的玄宗从儿子手里夺过来了。

当然走的是曲线，玄宗以为母亲窦太后祈福的名义令其出家，道号太真，住于太真宫。

当年李白做京漂的时候，高力士已经得势，安禄山还没出头。

开元二十八年（740），杨玉环奉命出家的这一年，安禄山被任命为平卢兵马使，渐露峥嵘。

安禄山原本没有姓氏，其母阿史德氏是突厥族的一个巫师，突厥人"斗战"一词的发音是"轧荦山"，她便用此作为安禄山的名字。

长大后，安禄山做了为买卖人协议物价的牙郎。开元二十年（732），张守珪任幽州节度使，安禄山偷羊被抓，张守珪准备把他乱棍打死，他高声喊叫："您难道不想消灭两个番族啊？为什么要打死我？"

张守珪见这家伙长得壮硕，又气势粗豪，便放了他，命令他与同乡史思明一起抓活俘虏。完成命令后，他被提拔为偏将，又因为骁勇，被张守珪收为义子。

安禄山这人粗中有细，特别会做人，用厚礼贿赂往来官员。拿人手软，凡是得了他好处的，都替他在朝廷上说好话。

天宝元年（742），玄宗在平卢设置节度使，任命安禄山为代理御史中丞、平卢节度使，可到朝堂上奏议事。

安禄山的两腿如象腿，手臂像柱子，身体如拱门，粗大的脖子上顶着大如水缸的脑袋。也不知道这副模样怎么就受到杨玉环待见了，收他做了干儿子，准他坐十几人抬的肩舆，戴长命锁，在深宫里耀武扬威。

这个时间段的李白正迷茫地四处乱撞，一边喝酒一边看月亮。

他不清楚朝堂事，也没资格关心。他只想得到一份前程，这份前程像月亮上的鸡腿，看得见模样，闻不见香。

终于，诏书到了。天宝元年（742），李白已经四十二岁了。

李白之所以能够上达天听，是因为两个贵人。

一个是道士吴筠，他在唐玄宗面前提起了李白的诗才；一个是玉真公主，玉真公主也觉得他的诗写得好。

诏书先是到了地方，再由地方官差快马加鞭、大张旗鼓、喜气洋洋地送到李白家。

李白正在家和老婆吵架呢。他老婆骂他："干啥啥不行，吃啥啥没够，瞅你这损色。"

——意思是这么个意思。

这个时候,他可能已经又换了一个老婆。

和刘寡妇同居后,刘寡妇看他既没钱,又不肯陪伴在身边,觉得自己上了当,吵吵打打的,终于转身走了。

李白的孩子又没人管了,所以他又求朋友给他介绍了一个当地的妇人,勉强凑合过吧。

这个妇人也和他吵架,骂他的话也很不客气。

李白也不客气地回嘴:"老家雀哪里知道我这大老鹰的志向!"

"呸!"他老婆怒道,"老娘给你家的俩崽子当后娘,不求你念我一句好,你倒是给我在家里踏踏实实地待着,有啥营生干点啥营生也行啊。成天想那些没用的,东游西逛,给这个写诗给那个写诗,求这个提拔求那个提拔,人家谁看得上你这号人!"

李白恼羞成怒:"住口!女人就是头发长,见识短!有朝一日,爷让你瞧瞧马王爷三只眼!"

妇人抄起扫帚就要打李白,李白抱头往外跑,一头撞上官差。

"哎哟,李老爷!"官差赶紧扶住他,"别跑了,赶紧接旨吧!"

李白蒙了,后边紧追不舍的妇人将扫帚啪嗒扔到地上,张着嘴,也蒙了。

第二节
仰天大笑出门去

官差在矮门浅屋前头站定,展开诏书。李白迟迟疑疑地跪下,一脸茫然地听着宣他上京一展长才的诏令,顿觉头顶挨了一记神雷,脑瓜子嗡嗡响。

左邻右舍早听着动静,三个一群、五个一伙地围过来了,一听,面面相觑:怎么,李大郎原来这么有名的吗?他不就是一个游手好闲、吃吃喝喝、没事写两笔酸诗的混子吗?

官差把诏书一收,笑容可掬,嘴巴像抹了蜜:"恭喜李老爷,上上大喜!"

李白控制不住地哈哈大笑,笑得根本停不下来。肺也疼了,腰也酸了,眼睛也湿了,就是停不住。

周围的人也一个两个地跟着哈哈大笑,像是看一出荒诞的戏,却又真真切切地发生在眼前。一个邻居率先反应过来,拉过李白的两个孩子,跟他们说:"你们阿爷要去京城了,要见皇上了,要当大官了,你们高兴不高兴?"

两个孩子似懂非懂地看着仰天大笑的阿爷。

渐渐地,李白的笑声低了,看着妇人既惊又喜的目光,听着乡邻窃窃私语的议论,满腹辛酸无从提起,只想以青天为布,以参天大树为笔,抒写他积郁已久的蓬勃怨气、怒气、豪气、志气!

"拿笔来!"

白酒新熟山中归,黄鸡啄黍秋正肥。

呼童烹鸡酌白酒，儿女嬉笑牵人衣。
高歌取醉欲自慰，起舞落日争光辉。
游说万乘苦不早，著鞭跨马涉远道。
会稽愚妇轻买臣，余亦辞家西入秦。
仰天大笑出门去，我辈岂是蓬蒿人！

——《南陵别儿童入京》

这首诗，完全是李白的心声。世人都道他在诗里成魔，却不知他在诗里成活。

朱买臣自幼家贫，却喜欢读书，靠砍柴卖柴维持生计。他担着柴，边走边读书。妻子也担着柴跟着，屡次阻止他读书，但朱买臣的声儿更大了。

妻子觉得羞耻，自请下堂。朱买臣笑着说："我五十岁一定富贵！现在我已经四十多岁了，你过的辛苦日子已经够久了，等我富贵之后再报答你。"

妻子愤怒地说："像你这种人，只会饿死在沟壑中，怎能富贵？"

朱买臣留不住她，只好任她离去。

几年后，朱买臣得了机缘，又有能力，得见圣上，被授予会稽太守之位。

会稽的官员听说太守将到，征召百姓修整道路。到了吴界，朱买臣看见前妻和她丈夫在修路，便停下车，载上他们到太守府，安置他们在园子里，好吃好喝地供养。

一个月后，前妻上吊而死。朱买臣给她丈夫银两，把她好好安葬。

"会稽愚妇轻买臣，余亦辞家西入秦。"透着一股子得意劲。因守深山无人问，一朝得志天下知。世道如此。

要走了。李白交代他的第三任妻子:"好好待我的两个孩儿,以后我必飞黄腾达,会让你得诰命,享清福。"

妇人连连点头,给李白奉茶的时候,手都是抖的。

两个孩子牵着阿爷的衣角,抬头看他:"阿爷,你要走了吗?"

"是啊,"他摸摸他们的头,蹲下来,挨个儿抱了抱,"阿爷要去长安。长安知道不?那是一个,"他尽可能大大地张开怀抱,"一个很大的大城。阿爷要去那里做官,很大的官。"

女儿平阳的眼中有失落,但是什么也没说;儿子伯禽拉住他的手说:"阿爷,我也要去。"

"乖,阿爷先去,等阿爷安顿下来,就派人来接你们,让你们住大房子,天天吃肉,穿锦缎衣裳,上很好的学。"

李白于是轻轻地,但是坚决地拂开孩子们牵着他衣角的手,出发了。

在此之前,朋友们已经替他饯行过了,他也作了诗:

> 兰陵美酒郁金香,玉碗盛来琥珀光。
> 但使主人能醉客,不知何处是他乡。
> ——《客中行》

这时候喝酒,要多痛快有多痛快。人们都仰视他,巴结他,说着让他不要忘了他们之类的话。

李白一直觉得在东鲁是客居,如今,却有些反客为主的意思——只要你让我喝饱了酒,我就认这儿是故乡了!

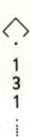

第三节
噫吁嚱！危乎高哉！

李白日夜兼程，心急如焚，生怕去得晚了，皇上收回诏命，打发他回老家。他甚至夜半被噩梦吓醒，醒来心跳如擂鼓，满头冷汗。

从东鲁到长安两千余里，李白只用了十日。

这是他第二次来，距离第一次，转眼已经过去了十二年。

又见到了跨马坐轿的达官贵人当街而行；又见到了长衫风流的文人雅士一边漫步放空，一边嘟嘟囔囔地构思新的诗篇；又见到了衣着艳丽的阔太太美目流转，被童仆簇拥而过；异族的人好像更多了，高鼻深目的，头发卷曲的，窄衣箭袖做胡人装扮的。

李白一刻不停地构思着雄浑阔大的情节：朝堂之上，他激昂慷慨，议论朝政，群臣听了他切中时弊的言论，纷纷竖起大拇指。至于皇帝，听得眼睛都直了，忙不迭邀他散朝之后继续与自己详谈治国方略。然后皇帝会在朝中给他安排一个很高的职位，或者让他回东鲁做地方军政长官，说不定会让他去安陆呢，到时候看那个不要脸的许大郎还敢对他怎么样！

他一边在脑子里跑马，一边看着路边卖酒的胡姬微笑：胡姬身姿曼妙，向他招手，请他喝酒——他豪爽地掏出一串开元通宝，啪地拍在桌上，然后大醉一场。

他要发达了，所以他的妻子是不吝于给他准备行装的，妻子把家里的钱都装进了褡裢里，朋友和村里的富户也纷纷借钱给他。他这次来，行囊是鼓的，心气儿是高的,举手投足间都是潇洒的。

他拔出背在身后的剑——没开刃,自从上次伤了人,他的宝剑再没有开刃——趁醉舞弄了一番,惹得酒家主人和酒客们哄声连连。他越舞越起劲儿,舞了个满头大汗。借着醉意与同他搭讪的路人畅谈,说自己是奉诏进京,要见皇上。

这么一来,更轰动了,有文人和豪杰排众而入,拉他在酒肆里继续畅谈。

> 银鞍白鼻騧,
> 绿地障泥锦。
> 细雨春风花落时,
> 挥鞭直就胡姬饮。
> ——《白鼻騧》

这天,李白到知名道观——紫极宫游览,一个老人吸引了他的注意力:须眉皓齿,俩大肿眼泡,拄着拐杖,一个小童搀扶着他,一步一蹭,偶尔抬抬眼,却从眼里射出精光。

李白也进入了这个老者的视线——一个中年人,个子不高,丰神外放,脸庞雪白而眼神极亮,意态风流,飘飘然有仙人之概。

他冲李白一拱手:"这位先生……"

李白被吓了一跳。这位老者一看就是有身份的人,随从虽少,但是气派大;虽着便服,但淡定从容的气质骗不了人。更能说明老头儿身份的,是他腰带上吊着的一只金龟。千言万语化作金光闪闪两个大字:有钱。

他赶紧躬身:"老先生好,老先生多礼……"

两个陌生人就这么神奇地结识了,而且还挺投机。老头儿拉他:"走走走,我跟他们要一间静室,咱们品茗清谈。"

二人叙齿,老者长李白四十多岁,他们可是真真正正的忘年交。李白请教他名讳,他神秘地呵呵一笑:"你我脾性相投,又何必问名问姓,但见天涯知己,不枉快活一生。"

李白一听,拊掌大笑,果然脾气相投。

老者得知李白是个诗人,手捋须髯,问李白有作品带在身边没有。

李白当场索笔墨,龙飞凤舞,起笔就是三个字:

噫吁嚱!

老人的眼睛猛地一睁,仿佛被这三个语气强烈的感叹词烫了一下。

紧接着,李白再写:

危乎高哉!蜀道之难,难于上青天。

老头儿感觉自己的心都被拔得高高的,像一只飞鸟,长了翅膀,呼呼地冲上青天。

蚕丛及鱼凫,开国何茫然!尔来四万八千岁,不与秦塞通人烟。

一幅远古画卷在眼前展开,画里有艰辛开国的先民,有浩渺动荡的光阴,有与世隔绝的静寂,刀劈不断,斧砍不断。

紧接着,这片远古化外之地,就真的被刀劈斧砍,叮当不绝了:

地崩山摧壮士死，然后天梯石栈相钩连。

好不容易摧破天堑，来到此地的人，看到的又是怎样一番诡异、阴森，却又诱人深入的景象啊：

上有六龙回日之高标，下有冲波逆折之回川。黄鹤之飞尚不得过，猿猱欲度愁攀援。青泥何盘盘，百步九折萦岩峦。

直到李白收尾：

锦城虽云乐，不如早还家。蜀道之难，难于上青天，侧身西望长咨嗟！

老头儿霎时猛醒，好像做了一场大梦，大叫三声："好！好！好！"

第四节
狂客与谪仙

老头儿颤巍巍地站起,作势下拜,慌得李白一把拉住他:"老先生!"

"不要拦我,"老头儿喘着气说,"我要拜你,你不是凡胎肉身,你是天上被贬下来的谪仙人。"

李白一揖到地:"老人家,我不是什么谪仙人,我是奉诏入京的世俗人,我姓李名白,字太白,在老先生面前献丑了。"

老人赶紧扶起他:"我贺知章阅人无数,如今真的见着一个神仙人物,不虚此行,不枉此生了,哈哈哈,喀喀喀。"太高兴了,被唾沫星子呛着嗓子,咳个不停。

李白大惊,赶紧给他拍背顺气:"什么?您是贺老?闻名不如见面,您才是下凡的老神仙!"

不怪李白惊讶,贺知章可是真正的朝堂股肱、诗文巨擘。

此时距贺知章离开长安还有一年。

天宝二年(743),当四海的文士豪杰千辛万苦地想要挤进帝都长安时,他这个老头儿却嚷嚷着要回山阴老家。

他在长安待的时间太长了,已经快五十年。

唐武后证圣元年(695),三十多岁的贺知章状元及第,踏进长安,成为浙江历史上有史可查的第一位状元。

可能是得了状元占了他差不多一生的风光，反正直到六十三岁，他还只是个负责祭祀的正七品小官。太砢碜了。

换作别人早就牢骚满腹了，但是贺知章没有，他好像没有那么多的野心，在七品小官的任上晃晃悠悠地过着日子。

从武则天登基，到唐玄宗李隆基继位，大唐帝国上层的政治斗争如同龙卷风。好多人惑于眼前富贵，只顾攀龙附凤，不管日后秋风扫落叶，大雪漫长安。

贺知章却是从不往政治斗争里搅和，渺小而谨慎地独善其身。

开元十三年（725），贺知章得了玄宗的青眼，一路升迁，最后当上了官居三品的太子帝师、工部侍郎。因为他是太子宾客、银青光禄大夫兼正授秘书监，所以人称"贺监"。

虽然贺知章的官越做越大，但是他始终对皇帝亲近有度，远而不疏，从没有被唐玄宗说过一句重话。这可了不得。

更了不得的是，贺知章还好喝酒。杜甫这么写他：

知章骑马似乘船，眼花落井水底眠。

喝醉了，骑马跟坐船似的，晕乎乎的。一时眼花，掉进井里，都不知道爬起来，要在水底下睡一觉。

他不喝酒的时候，穿着官服，戴着官帽，行不踏错，言不逾矩，安安稳稳地撑着他的官身；喝酒的时候就不是他了，酩酊大醉，摇头晃脑，走在大街上，挤进人群中，嘴里嘟嘟囔囔。身边跟着捧着笔墨的下人，他随时抓起笔来，在人家的青砖或者白墙上，将他的诗句大书而特书。

贺知章晚年自号"四明狂客"，四明是指四明山，那是贺知章家乡附近的山。他想家了。只有有酒的时候,他才不是慈眉善目的贺监,而是笔走龙蛇的狂客。

狂客现在发了狂了。

因为在道观喝茶不尽兴,两人便进了酒馆。美酒下肚,老头儿张着大嘴哈哈笑,拍着李白的肩膀亲热地叫老弟。

两人大喝而特喝,喝饱了,聊尽兴了,该走了,要结账了,结果李白身上的钱不够付酒账!

贺知章一摸兜:坏了,今儿换衣裳,没带钱。咋办?他发了狂,等不及小童回去取钱了,一把把金龟拽下来:"店家拿去,再给我们拿两坛子酒,继续喝!"

又一通喝。

今人提起贺知章,想起的是他的"不知细叶谁裁出,二月春风似剪刀""少小离家老大回,乡音无改鬓毛衰",却不知道他是这样一个人。

跨过山河,迎着烈日,思念着妻子和幼儿,却一路大踏步奔赴而去。奔赴什么?不清楚。眼前有浊浪排空,有草浪滚滚,有人马攒动,悲欢离合只是天地瞬间,相遇,何其珍贵。

贺知章回家睡了一大觉,第二天进宫面圣,称赞李太白。

唐玄宗对李白这个人更感好奇了。

第五节
李谪仙醉草吓蛮书

这一天终于到了。李白入宫，面圣。

他早有准备，怀里揣着一份早就写好的《宣唐鸿猷》，满满的都是他对于朝局的观感，对于朝政的建议。他要让皇帝知道他有经天纬地的大才，有经纬世事的大力。

内侍报说李白到了，玄宗觑着眼看一步步走近的李白：这也没啥嘛，一个个把他夸得天上有地下无的。个头儿不高，长得一般般吧，不黑，还过得去，眼睛挺亮。

面对这个已显衰颓却浑身透着威严的老人，李白紧张得手心出汗，正要大礼参拜，玄宗摆手，算了，免礼吧。你就是李白？不错。别站着了，说着示意侍从给他个凳子，坐下说话。

皇家的凳子不是普通的凳子，是镶金嵌宝的凳子。唐朝的凳子也不叫凳子，叫"床"；这床有个名号，叫"七宝床"。

李白很紧张地谢过，规规矩矩地坐在七宝床上，两手平放膝上，额角见汗。

玄宗笑了笑："没事，别怕，朕不吃人。你是诗人？作过什么诗？"

李白掰着指头数了数自己作过的那些比较满意的诗，又给玄宗念了几句。

玄宗是才子，能听出这些诗写得好。"嗯，不错，以后你就给朕写诗得了。朕的身边画画的有，唱曲儿的有，编排舞蹈的有，就缺一个写诗写得好的。"

李白心想：快问我，皇上你快问我治国安邦的策略，我准备得好着呢。

可是直到玄宗吩咐设宴，请他吃饭，甚至还亲手拿调羹给他把饭拌了拌递给他，也没问他一句治国方略。饭罢，就打发李白回去了，让他第二天走正常程序上班。

回到住处，李白把《宣唐鸿猷》拿出来，团了团，扔在墙角。第二天就有人收拾走了，可能是扔进炉子里烧掉了。从此《宣唐鸿猷》失传。

李白得了个翰林待诏的职位。

翰林待诏是玄宗开元元年（713）设置的，以张说、陆坚、张九龄等任之，掌四方表疏批答，应和文章。说白了，就是秘书处，专搞文字工作。回回信，批批奏疏，答答谏议，应和一下诗文。人手不够，就选文才好的人填充，称"翰林供奉"。开元二十六年（738），演变为翰林学士，专掌内命。

"待诏"是汉代就有的官职。汉代征召有才华和有一技之长的人，让他们随时听候皇帝差遣。到了唐朝初年，文章写得好的、经学研究得透的、行医妙手、卜算仙人，凡是有专长的，都有可能被选拔去翰林院值班，李白就是一个诗待诏。

虽然李白干的是文秘的活，但是玄宗召集官员开会时，他是没有资格参与的，能做会议记录的是翰林学士。

不过，如果气氛活跃了，要现场作诗，那就需要他的表演了。

明朝的冯梦龙写过一个故事《李谪仙醉草吓蛮书》，讲的就是这个时期的事。

勃海国送来蛮书一部，番使扬言如能认识并写得回书，便甘心臣服，年年朝贡，否则就要大举来犯。

玄宗召开会议，商议应对这一严重的外交危机。国舅杨国忠一筹莫展，宦官高力士哑口无言，杨贵妃奏请让李太白试解。

李太白喝得醉陶陶，上得殿来，故意要杨国舅磨墨、高力士脱靴，以此羞辱这帮子无用权臣，然后奉旨诵读蛮书，并笔走龙蛇，用番语写下回书。

——事儿肯定不是真的，因为李白任职时杨玉环还只是道士，不是贵妃。

这个故事接着讲到了李白让杨国忠磨墨、高力士捧靴的前情：

李白要参加考试。参试之前，贺知章对李白说："今年春天的南省试官是杨国忠和高力士，这俩人都爱财，可是贤弟你又没钱。这样吧，我和他们都认识，我写封介绍信，你拿去，或许他们能看我薄面，放你一马。"

结果却是杨国忠和高力士不约而同地冷笑，说贺知章收了李白的金银，却写了空书在他们这里讨人情。

到了考试那天，杨国忠见卷子上有李白的名字，字也不看，直接乱笔涂抹道："这样的书生，只好与我磨墨。"高力士道："磨墨也不中，只好与我着袜脱靴。"

李白怨气冲天，立誓："久后吾若得志，定教杨国忠磨墨，高力士与我脱靴，方才满愿。"

天子圣心大悦，拜李白为翰林学士，并设宴于金銮殿，宫商迭奏，彩女传杯。

李白又醉了，到第二天还醉着呢。玄宗特地吩咐人做醒酒汤，见汤太烫，还专门拿牙箸搅了半天，凉了才让他入口。

玄宗把番使宣入朝中，李白把番书朗朗读出，又随口翻译，当场草诏。可是李白说了："臣靴不净，有污前席，望皇上宽恩，赐臣脱靴结袜而登。"

皇帝还能不答应？于是让一个小内侍来脱。李白说："不行，我前阵子入试春闱，被杨太师批落、高太尉赶逐，如今二人在班，臣神气不旺，写不好。还请皇上吩咐杨国忠与臣捧砚磨墨,高力士与臣脱靴结袜,这样臣才能够意气自豪,不辱君命。"

玄宗正用着李白呢,当然听他的,当下就让杨国忠捧砚、高力士脱靴,侍候李白。

> 李白此时昂昂得意,踢袜登褥,坐于锦墩。……左手将须一拂,右手举起中山兔颖,向五花笺上,手不停挥,须臾,草就吓蛮书。字画齐整,并无差落,献于龙案之上。天子看了大惊,都是照样番书,一字不识。传与百官看了,各各骇然,天子命李白诵之。李白就御座前朗诵一遍……番使听诏,不敢则声,面如土色,不免山呼拜舞辞朝。

结局皆大欢喜,番邦写了降表,愿年年进贡,岁岁来朝。

有人考证过,这个故事里的勃海国就是渤海国,在唐代是东北地区的大国。唐高宗时,高句丽灭亡,靺鞨族趁机在东北建国。它有自己的文字,就是渤海文。用渤海文写就的书文,大家都看不懂,与汉字相比,当然就是蛮书了。

李白没有去过东北,也没有接触过渤海人,他从哪里知道的人家的文字,而且还这么生动、流畅地表达出来,吓唬了人家一顿?

又有人考证说,渤海国其实没有自己的文字,遗留下来的渤海各个时期的书、表、牒、状等都是用汉字写的;日本古籍《经国集》《文华秀丽集》中保存下来的渤海使杨泰师诗二首、王孝廉诗五首,都是用汉字和唐代流行的诗体写的。可是,如果这么说,又讲什么"蛮书"呢?

而且,如果渤海国实力强盛,怎么能被李白一封蛮书吓退?真正吓退它的,是拳头,是国力!

唉,故事为人津津乐道,时间越久,人们越当真。

第六节
无奈宫中妒杀人

李白是翰林待诏,不是翰林学士。翰林学士担当的是起草诏书的职责,翰林待诏则无甚实权,任务就是作诗,哄皇上高兴。

元稹在《重修翰林学士壁记》中列出了从唐玄宗开始至其后所有任翰林学士的名单,里面没有李白的名字。

他始终没有升为翰林学士——那是玄宗的心腹才能得到的职位。

不过,李白仍旧相当得意。

翰林待诏那么多,都是从全国征召来的各行各业的才子,但被圣人召见的,又有几人?

同僚歆羡他,仰慕他,敬畏他,王公贵族也请他吃饭,席间请他作诗,然后纷纷大声叫好。

现在轮到张垍巴结他了:"李大人,咱们可是老朋友了……"

他不阴不阳地来一句:"张大人,您还记着我呢?不知道我送您府上的行卷,您可读过否?里面的诗我昨儿给圣人诵读了一遍,圣人大加赞赏……"

看着李白昂昂然离开的背影,张垍的脸拉下来了:这是说我有眼不识金镶玉,眼瞎!

后边几个官员追上来,跟张垍一道走:"张大人,李白给您投过行卷啊?"

"是呀,当初在本官面前拼命巴结,就差给我舔靴子了,如今成人上人了。"

"一个待诏,有什么牛气的!"

转眼一个官员就又有了新的提议:"诸位,我今儿晚上请李太白吃饭,大家来赏光。"

"巴结。"张垍毫不客气地笑话他。

"圣人都说好的人,咱巴结一下不丢人,哪怕他是个玩意儿,是个傻子呢。来吧,张大人,别让人说您小气。"

"好好好,同去同去。"

几个人议论着走远了,另一边的李白也在烦恼:"怎么总有人请?真烦人,多想清清静静地待一晚上啊。"

他又不傻,在烈焰烹油、大红大紫的际遇里,他能够感受到或明或暗的恶意,如针扎,如棘刺:

　　西施宜笑复宜颦,丑女效之徒累身。
　　君王虽爱蛾眉好,无奈宫中妒杀人。

第七节
名花新开,美人新妆

有一个与翰林院功能仿佛的官署,叫集贤殿书院,主要是给皇帝侍读,也承担起草文书的职责。

两个官署的人碰到一块儿,集贤殿书院的人有点酸溜溜的,问李白:"圣上如此器重你,你都干什么工作?说来听听。"

问题是,这能说吗?皇帝身边的事儿!

但是不开口也不礼貌,他就写了一首诗:

晨趋紫禁中,夕待金门诏。
观书散遗帙,探古穷至妙。
片言苟会心,掩卷忽而笑。
青蝇易相点,白雪难同调。
本是疏散人,屡贻褊促诮。
云天属清朗,林壑忆游眺。
或时清风来,闲倚栏下啸。
严光桐庐溪,谢客临海峤。
功成谢人间,从此一投钓。

——《翰林读书言怀呈集贤诸学士》

我清晨急急忙忙地赶赴宫中，晚间又跑到金马门等待传召。我翻看前人的残卷遗篇，尽情地探寻其中奥妙。就算只有只言片语与前人相合，也会情不自禁地掩卷而笑。苍蝇点污染白玉轻而易举，《阳春》和《白雪》却难以找到同调。

我本性子疏懒散漫，多次被狭隘的人嘲笑。天高云淡之际，不禁忆起昔日在林壑间游览眺望。有时清风徐徐吹来，我就悠闲地倚着栏杆，放声长啸。

想到严光在桐庐溪畔垂钓，谢灵运游到天涯海角。不禁追问我李白何时才能功成身退，从此于烟波之间散淡投钓？

玄宗命李白随驾骊山——他要带着美美的杨玉环去美美地泡温泉。

华清宫依山势而筑，楼台馆殿遍布。玄宗几乎每年十月都要到此游幸，岁尽始还长安。这是他的另一个家。

静夜生凉，李白每晚都能听见渺渺的丝竹声，轻纱帘幕上映着舞女婆娑的身影。

玄宗见玉环丰腴白嫩，美目流转，想召画工来给她画像。可是吴道子被派去蜀中了，此事遂作罢。公孙大娘也在被传召之列，进去舞一曲剑舞。剑光闪闪，骇得小女脸儿更白，美目不敢睁，玄宗赶紧揽紧："莫怕莫怕，朕在这里，三郎在这里。"

不知是穿得少，还是怕了，玉环不由得打了一个寒噤，玄宗跟哄孩子似的："天气还是有些凉，咱下山去吧。"

于是一行人浩浩荡荡地回了皇宫。

浮生若梦，为欢几何？若永远留在这浮生大梦里，也是一种幸福。

少年落魄楚汉间，风尘萧瑟多苦颜。
自言管葛竟谁许，长吁莫错还闭关。

一朝君王垂拂拭,剖心输丹雪胸臆。
忽蒙白日回景光,直上青云生羽翼。
幸陪鸾辇出鸿都,身骑飞龙天马驹。
王公大人借颜色,金璋紫绶来相趋。
当时结交何纷纷,片言道合唯有君。
待吾尽节报明主,然后相携卧白云。

——《驾去温泉后赠杨山人》

我年轻时在楚汉一带落魄失意,自言有管葛之才,却无人推许,只好长吁短叹,在家赋闲。若得天子垂顾,我必尽心竭力。

忽然受天子恩诏,我如生出双翅,直飞青云。能侍驾左右,好不威风。就连王公大臣都要借我的光,想要与我结交的人更是多如雪花。

可是只有你我才是真正的志同道合。等我报效了明主的知遇之恩,定要与你同隐。

一首诗里,既回顾了过去无人问他粥可温,也说了如今富在深山有远亲,好一派趋炎附势的景象。

在宫里睡了两天,玉环突发奇想,闹着要去沉香亭。

沉香亭在兴庆宫东偏南,若登亭而望,可见烟波浩渺,碧水荡漾,垂柳如丝。她惦记着沉香亭畔的木芍药,不知道花开了几朵。

于是圣上又陪她摆驾沉香亭。

团团围照的红灯笼下,木芍药盛开,紫红、粉白、娇黄,重瓣叠蕊,交相辉映。玉环爱不释手,这一朵闻闻,那一朵嗅嗅。明皇看着她,灯火烛照下,美人映着花面,说不出的好看。于是摆开酒宴,李龟年已经准备唱歌了,梨园弟子也已准备演奏《霓裳羽衣曲》。

开元二十八年（740），杨玉环在华清池初次觐见，玄宗演奏《霓裳羽衣曲》以导引，大臣张祜有诗云：

　　天阙沉沉夜未央，碧云仙曲舞霓裳。
　　一声玉笛向空尽，月满骊山宫漏长。

玄宗想起当初情景，再看如今的玉环，其风姿更胜当年。
"李白可在？如今名花新开，美人新妆，旧日乐词不衬今日景象，需重新作来。"

第八节
可怜飞燕倚新妆

原来李白陪驾去华清宫,捞不着酒喝,把他馋坏了;一奉驾回宫,他就拿着大钱,逛街去了!

他看了坊间斗鸡,又跑到永兴坊吃小吃,于半醉之间游游转转,逛到了西市。逛累了,干脆一屁股坐在小吃摊前,要一深碗羊肉汤、两碟小凉菜,再让店家把酒壶装满,继续自斟自饮。这一喝,就喝到了暮鼓响起。

一个下人满头大汗地跑过来,是张垍派来的:"李待诏,可算找着你了,赶紧的,圣人宣你到御前。"

李白还在那儿醉醺醺地摇头晃脑,被人扶上马,撂下饭钱,一溜烟地拉走了。

——这还不治他一个御前失仪的罪!张垍想。

李白摇摇晃晃地被搀到玄宗面前,玄宗一见,皱了皱眉:"去哪儿喝成这样?"

张垍赶紧催:"赶紧的,圣人等你作诗呢!"

"诺。"李白躬身低头,耳边是《霓裳羽衣曲》的歌调,眼前是婀娜绮丽的身姿,杨玉环的额间花钿和面靥使得她艳光逼人,令人不敢直视。

到处挂着红红的灯笼,映得草木扶疏,明暗有致。满池的红鲤鱼被丝竹声闹得浮在油绿透明的水面,像绿绸缎上用毛笔撇下的密密匝匝的朱砂红。

玉环用小玉勺从侍婢的金盘里舀一些鱼食撒进去，鲤鱼张开嘴巴去衔，如同舞台上贵妃下腰叼酒杯。

李白看得目眩神迷，他的诗思澎湃，拦不住，要往外溢。

他笔走龙蛇，一边写，一边大声念道：

　　云想衣裳花想容，
　　春风拂槛露华浓。

"好！"明皇率先叫起好来。这根本不是凡俗人间里尘心劳骨的人能够作出来的，这是天上仙人作的仙诗！

李白恍若未闻：

　　若非群玉山头见，
　　会向瑶台月下逢。

所有人都瞪大了眼睛，即使他们不会作诗，不懂诗，也听得出这诗的精妙。

李白真有两把刷子，他以花比人，云霞做衣服，花朵为容貌。

玄宗心想，这家伙虽然贪杯，但是诗写得可真是好。

高力士一见玄宗点头，忙叫起好来："好，真好。圣人哪，这诗太好了！"

李白的诗兴还没有抒发完：

　　一枝红艳露凝香，
　　云雨巫山枉断肠。

借问汉宫谁得似，
可怜飞燕倚新妆。

贵妃真是一枝带露的牡丹，艳丽又凝结着甜香。楚王和神女巫山相会，看见贵妃的形貌，枉然悲伤断肠。请问汉宫那得宠的妃嫔，有谁能和她相像？就连可爱无比的赵飞燕，还得依仗她的新妆！

名花倾国两相欢，
常得君王带笑看。
解释春风无限恨，
沉香亭北倚栏杆。

绝代佳人与红艳牡丹相得益彰，美人与名花常使君王带笑赏玩。动人的姿色似春风，能消除人间无限怅恨，且看沉香亭北，君王与美人双倚栏杆。

玄宗龙颜大悦，让李龟年指挥乐工，赶紧唱起来，给太真唱起来！

李白的诗配上李龟年的唱腔，连绵柔滑，好似锦缎玉帛；那高声处，如金声玉振，哗啦啦抖开一匹好绸缎；又如抽刀断水，却连连绵绵地断不开。

三曲终了，玄宗问当以何名，李白躬身答奏："如今圣人治下，国富民丰，四海清平，曲名就叫'清平调'。"

太真含笑点头，玄宗大笑："好！"赐李白宫锦袍一领。

这天，玄宗和张垍闲聊。张垍状若无意地说起："我总觉得李白的那句'借问汉宫谁得似，可怜飞燕倚新妆'不大好。"

玄宗不解其意。

张垍说:"您看啊,美人赵飞燕能歌善舞但出身贫贱,后得汉成帝宠幸成为皇后,但因种种原因,被废自杀,下场凄惨。他将太真比作飞燕,又是什么意思?"

"嗯?"玄宗脸一沉。

玄宗本想着提拔李白当一个中书舍人,如果他言外有意,影射太真,那可不成。

这个锅后来被人安在了高力士的头上,说因为李白让他脱靴,他怀恨在心,在杨贵妃面前进了谗言,李白才没有得到重用。

李白奉旨作的诗不少,比如《宫中行乐词》《侍从宜春苑奉诏赋龙池柳色初青听新莺百啭歌》,如此种种,不一而足。如今他已经从翰林院搬进了兴庆宫,以备玄宗随时召见。

他的饮食变得丰盛,还有御赐美酒供他畅饮。皇帝爱重的人,谁敢不敬重,王孙贵胄更是巴结他。一场场欢宴,一场场别有用心的结交,李白刚开始神清气爽,渐渐又觉得酒如苦水,肉如火炭,眼前歌舞女伎青面獠牙,个个官员张着血盆大口,意欲择人而噬,吃肉喝血。

离得太近了,看得太真了,荣光不是荣光,丰美不再丰美,偌大的长安城,像穿着华服的骨骼架子,透露着死气沉沉的光景。

第六章 出长安

第一节
花间一壶酒，独酌无相亲

大唐盛世，已显露日薄西山的疲色，就像当今圣人，他累了，倦了，不愿将天下大事放在心上，他只想和心爱的太真过普通人的小日子，鸳鸯交颈而眠，睡到日上三竿。

朝政呢？

李林甫已经当上右相了，势力逐渐壮大。

李林甫这个人，性情阴柔，心眼儿多，与宫中宦官、妃嫔交情深厚，对玄宗的举动了如指掌。每逢奏对，说出的话都合乎玄宗心意。于是，他一路升迁，备受荣宠。

——自任命李林甫为宰相，大唐就奏响了从繁盛到衰败的第一缕哀音。

开元二十五年（737），唐玄宗听信李林甫的话，将太子李瑛、鄂王李瑶、光王李琚同时废为庶人，而且将李瑛的妻兄驸马都尉薛锈流放瀼州。不久，又将这三庶人赐死。

同年七月，群臣上表称赞社会治安良好，唐玄宗认为这是宰相的功劳，便封李林甫为晋国公。

第二年，李林甫兼领陇右、河西节度使，《长安十二时辰》里第八团全团因无援而战死的结局，就是他造成的。

第三年，李林甫又兼吏部尚书，与兵部尚书牛仙客一同主持文武铨选。

天宝元年（742），李林甫改任右相兼尚书左仆射，加光禄大夫。

那么，是李林甫阻碍了李白的前程吗？

这话就失真了，一个是小小的翰林待诏，一个是当朝宰相，他们根本就不是一个量级的。

但是，李林甫大权独揽又嫉贤妒能，由此造成的腐败的政治环境对李白这条小杂鱼的政治命运，不能不产生影响。

从这个角度来讲，李林甫阻碍的，又岂止是李白一人的前程——难道不是许许多多人的前程，不是锦绣长安的前程，不是皇皇大唐的前程？

大唐后来遭遇安史之乱，整个国家被拖入深渊，这里面难道没有李右相的"功劳"？

> 禁庭春昼，莺羽披新绣。
> 百草巧求花下斗，只赌珠玑满斗。
> 日晚却理残妆，御前闲舞霓裳。
> 谁道腰肢窈窕，折旋笑得君王。
>
> ——《清平乐·禁庭春昼》

这首词写的是透过杨玉环的眼睛看到的宫廷，它是这样富贵、闲适。

转眼间，李白已经在长安待了一年多。

天宝三年（744）正月，他的忘年交、老朋友贺知章上表请辞，蒙圣意恩准。

老头子一生风流潇洒，但他的风流不是李白那样的风流，他的潇洒也不是李白那样的潇洒。他是完全适应官场生活的，同时又保得住赤子本心，这一点殊为难得。

以东官太子为首，百官设宴，送别这位八十六岁的老人家。

李白也去了，贺老一走，他心中不舍：

久辞荣禄遂初衣，曾向长生说息机。
真诀自从茅氏得，恩波宁阻洞庭归。
瑶台含雾星辰满，仙峤浮空岛屿微。
借问欲栖珠树鹤，何年却向帝城飞。

——《送贺监归四明应制》

他问贺老：你这只打算栖息在琼树上的仙鹤，何年何月才能再飞回帝城，与我们再喝几杯？

除了上面这首应制诗，李白还私作了一首诗送别贺知章：

镜湖流水漾清波，
狂客归舟逸兴多。
山阴道士如相见，
应写黄庭换白鹅。

——《送贺宾客归越》

这首诗写得比应制诗好得多。宫廷里的牡丹花，比不过漫山遍野的杜鹃红。

贺知章走了，不但是走了一个酒友，也是走了一个诗友；不但是走了一个诗友，也是走了一个好友。放眼长安，对自己心存善念、有照拂之意的人，几乎找不到了。

天上的月亮是圆的，杯里的酒却很凉。李白是爱热闹的，可是身边一个人也没有。也不是没有，这不，月亮照下来，还有自己的影子。

花间一壶酒，独酌无相亲。
举杯邀明月，对影成三人。
月既不解饮，影徒随我身。
暂伴月将影，行乐须及春。
我歌月徘徊，我舞影零乱。
醒时同交欢，醉后各分散。
永结无情游，相期邈云汉。

——《月下独酌·其一》

他说，我在花间摆下一壶好酒，可惜没有人相陪，只能自斟自饮。我邀请天上明月，加上我的影子，不就凑成了三人？

可是月亮哪里懂得饮酒之妙，影子也不过是陪伴在我身前身后。我只能暂且以明月和影子相伴，毕竟春宵苦短，要及时行乐。

酒酣处我开喉唱歌，起身跃舞，月与影陪我一起零乱。醒着的时候，我们尽情欢乐；醉了，却各自分散。

希望我们能够结下永久的情谊，相约在渺渺的天河相见。

李白时常感觉孤独，所以他特别喜欢热闹的人群。但是热闹总会消散，每当夜晚来临，他又变成孤单一人。

孤独中何以自处，是每个凡人都需要面对的课业。李白身处孤独，一人独酌，身陷花月，清冷的灵魂散发着孤独的香。

第二节
逸巧生缁磷

李白照常去翰林院任职，在他写的诗文里，有一些是反映自己在翰林院的生活的，比如：

是时仆在金门里，待诏公车谒天子。

当时待诏承明里，皆道扬雄才可观。
敕赐飞龙二天马，黄金络头白玉鞍。

攀龙九天上，别忝岁星臣。
布衣侍丹墀，密勿草丝纶。
才微惠渥重，逸巧生缁磷。

诗里有对于当前生活的不满，以及对这份工作的微妙的夸耀与不屑，那是他一生的高点，是最值得回忆和值得骄傲的人生经历。所以，他会不自觉地美化和夸大这段生活，说什么"待诏公车谒天子"，好像天子时时刻刻都想要见他；说什么"敕赐飞龙二天马，黄金络头白玉鞍"，骑的是天马还不够，还要用黄金做络头，以白玉为鞍鞯，这就太夸张了。

——李白的眼睛和平常人的眼睛不一样，别人看到的星星就是星星，他看到的星星则特别璀璨；别人登高楼就是登高楼，他觉得"危楼高百尺，手可摘星辰。不敢高声语，恐惊天上人"。

他的浪漫是发自内心的，他觉得，高就是特别高，大就是特别大，光明就是特别光明，黑暗就是特别黑暗。理性是什么？值多少钱？感性才是他的人生要义。

皇宫，官场，却是特别现实的地方。

现实，而且黑暗。

所以，李白在《为宋中丞自荐表》里，这样写自己离开长安的原因：

> 上皇闻而悦之，召入禁掖。既润色于鸿业，或间草于王言，雍容揄扬，特见褒赏。为贱臣诈诡，遂放归山。

皇帝身边的"贱臣"给他使了绊子，说了坏话，于是他被赶出了长安。

他把离开长安的原因，既不归咎在自己身上，也不归咎到皇帝身上，而是归咎到宫中奸佞之辈、小人的身上。

提起宫中小人，不用说，就是高力士了。

高力士为李白脱靴的故事，最早见于唐人杂史笔记《国史补》（李肇撰）和《酉阳杂俎》（段成式撰）：

> 李白名播海内，玄宗于便殿召见。神气高朗，轩轩然若霞举。上不觉忘万乘之尊，因命纳履。白遂展足与高力士曰："去靴！"力士失势，遽为脱之。

这个故事中的李白形象,特别正面,气宇轩昂的,以至于皇帝都忘了自己的身份,想要巴结他似的,让他脱了靴子舒服一点。结果李白也不客气,把脚一伸,命令高力士:"给我脱鞋!"

高力士是谁呀?他平时是只伺候皇帝的,被这么一闹,都有点手足无措了。无措了一会儿,就真的给李白把靴子脱了。

这个故事的结尾是:

> 及出,上指白谓力士曰:"此人固穷相。"

李白出去后,皇帝指着李白的背影对高力士说:"这人一辈子穷相。"

那意思就是说李白成不了大器,一辈子发达不了。穷,不是贫。贫是没钱,穷,是壮志不得伸展。

也就是说,李白入不了皇帝的眼。高力士是皇帝的奴才,李白折辱高力士,打狗没看主人面儿。

若这个故事是真的,李白在宫廷、在高力士的势力范围之内,能够痛快吗?

就连李林甫这么嚣张的人,以及后来取代李林甫的杨国忠,都巴结高力士呀!

就算这个故事是假的,李白一向疏狂,行走于官场必备的谨小慎微他一点都没有,别人想给他穿小鞋,也是分分钟的事。

人们喜爱他,所以替他编这种故事,让他替人们在权贵面前扬眉吐气。

李白没有李林甫的阴险,没有杨国忠的际遇,也没有高力士的能耐。他的雄心和他的翰林待诏的职位不匹配,他的雄心和他实现理想所需的现实条件也匹配不起来。

他的出身和经历，以及他的志愿和心性，都决定了他不适合搞政治。

未入长安，怀才不遇；入了长安，也怀才不遇。

于是，喝酒吧！

第三节
长相思,在长安

在范传正的《唐左拾遗翰林学士李公新墓碑并序》中有这样一段话:

> 甚爱其才,或虑乘醉出入省中,不能不言温室树,恐撄后患,惜而逐之。

"温室树"是一个典故:《汉书》记载,大臣孔光休假回家,与家人闲谈,家人问长乐宫温室殿有什么树木,孔光默然不语。后来,人们就用温室树代表朝廷的机密要闻。翰林院位于禁宫,李白整天醉醺醺的,口无遮拦,难保不会泄露宫禁秘密,所以还是打发了他为好。

杜甫有诗曰:

> 李白斗酒诗百篇,长安市上酒家眠。
> 天子呼来不上船,自称臣是酒中仙。

这首诗读来心旌摇荡,可是在当时的情形下,李白这样,不好。

机遇为他打开了大门,性格却为他关闭了大门。

天宝三年(744)初春,玄宗赐李白金银盘费,打发他出了京,所谓"赐金放还"。

这也算保全了文人的尊严——不是我不喜欢你，只是我们不合适，所以一别两宽，各生欢喜。

皇帝也是人，也要经历从稚弱到青壮、由青壮到强盛、由强盛到衰迈、由衰迈到糊涂的过程。将国运系于皇帝一人，本身就是一种冒险。再强大明智的帝王，也没本事将他的智慧和能力一代代传下去。

李白梦碎，多正常的事。

想明白了这一点，屈原何必投河，宋玉何必悲哀。

> 宋玉事楚王，立身本高洁。
> 巫山赋彩云，郢路歌白雪。
> 举国莫能和，巴人皆卷舌。
> 一感登徒言，恩情遂中绝。
> ——《感遇·其四》

传说宋玉是屈原的弟子，战国时楚国的辞赋家。

有一次，楚襄王问宋玉："先生也许有不检点的行为吧？为什么士人百姓都那么不称赞你呢？"

宋玉回答："是的，是这样，希望大王宽恕我，允许我把话说完。

"有个人在都城唱歌，起初他唱《下里》《巴人》，跟着他唱的有几千人；后来唱《阳阿》《薤露》，跟着他唱的有几百人；等到唱《阳春》《白雪》的时候，跟着他唱的不过几十人；最后拉长为商音，急促为羽音，夹杂运用流动的徵声时，应和他的不过几人罢了。这样看来，歌曲越高雅，和唱的人越少。

"在篱笆下面跳跃的小鷃雀，岂能像展翅九千里的凤凰一样了解天地的高远;在一尺来深水塘里的小鲲鱼,岂能像日行千里的鲲鱼一样测知江海的广阔!鸟类中有凤凰,鱼类中有鲲鱼,人群中也有杰出人才,一般的人又怎能知道他的所作所为呢?"

李白觉得,宋玉的遭遇就是他的遭遇,宋玉的悲哀就是他的悲哀。

宋玉和登徒子的故事也很有意思。

宋玉长得美,很得楚襄王的赏识,结果惹来一个叫登徒子的官员的嫉妒。此人总是在楚王面前造谣说宋玉人品不好,好搞风流韵事。

楚王信以为真,就让宋玉检点一些。宋玉气坏了,又给楚王讲故事:

"我家的东边住着一个大户人家,那户人家的漂亮小姐总是爬上墙头看我,整整看了我三年,我都没动过心,所以我不是好色之人。反观那个登徒子,他的老婆长得丑死了,可是他还是喜欢得不得了,一连和他的老婆生了五个孩子,所以,真正好色的人是他。"

登徒子的谗言间阻了楚王与宋玉的情意,朝中人的谗言,也间阻了玄宗与李白的情意,李白被打发出京了。

> 绿萝纷葳蕤,缭绕松柏枝。
> 草木有所托,岁寒尚不移。
> 奈何夭桃色,坐叹葑菲诗。
> 玉颜艳红彩,云发非素丝。
> 君子恩已毕,贱妾将何为。
> ——《古风·其四十四》

绿萝枝华叶茂,婷婷袅袅,在青松翠柏间缠绕。

草木的情感一旦有所托付,即使在寒冷冬天也一点不转移。

像桃花一样盛开的窈窕女子为何会遭逢冷遇,吟唱蔚菲诗?

就算我容颜如花、鬓发如云,可是君子的心思已经不在我身上了,我又能怎么办哩?

> 长相思,在长安。
> 络纬秋啼金井阑,
> 微霜凄凄簟色寒。
> 孤灯不明思欲绝,
> 卷帷望月空长叹。
> 美人如花隔云端!
> 上有青冥之长天,
> 下有渌水之波澜。
> 天长路远魂飞苦,
> 梦魂不到关山难。
> 长相思,摧心肝!
>
> ——《长相思》

第四节
太阳和月亮碰了头

李白换回布衣离开了京城。

有一个人,正一步步走向李白。

开元五年(717),六岁的他跟随家人来到河南郾城,七岁能作诗,到十四五岁时,在洛阳诗坛已经崭露头角。岐王李范是唐睿宗的第四子,爱结交文章之士,他便经常出入李范的府邸。

好些个官员都很看好这个少年,他自己也意气风发,眼高于顶:

> 性豪业嗜酒,嫉恶怀刚肠。
> 脱略小时辈,结交皆老苍。
> 饮酣视八极,俗物多茫茫。

他二十岁开始壮游,于江南流连了四年,在秦淮河北岸的瓦棺寺里看过晋代名家顾恺之的壁画,到姑苏凭吊过吴王,在会稽游览秦始皇时的古迹,又到会稽西南的鉴湖,看越女荡舟。

开元二十三年(735),他回乡参加科举落榜,继续漫游。

这回他不往南边跑了,开始游历齐赵地区,也就是如今的河南、山东、河北一带。此时他爹在山东兖州任司马,他找他爹去了,一游就是五年。

兖州地处齐鲁,他在这儿观摩古迹,又登东岳泰山:

岱宗夫如何,齐鲁青未了。
造化钟神秀,阴阳割昏晓。
荡胸生曾云,决眦入归鸟。
会当凌绝顶,一览众山小。

对,他就是杜甫。

杜甫在齐赵一带玩得很开心,他与朋友一起打猎,放鹰捕鸟,驱马逐兽,闲时会去山中访隐士。

他在这里结识了边塞诗人高适。这时的高适还没有中进士,穷困潦倒。

开元二十九年(741),杜甫回到家乡,娶了老婆,安安稳稳地住了下来。他老婆姓杨,是司农少卿杨怡的女儿。

婚后不久,二姑去世,杜甫悲痛万分,那是他的"亲娘"——因自幼丧母,杜甫被二姑养大。他和二姑的儿子同时生病时,二姑忍痛,舍子保侄,于他有再生再造之恩。

这一年,暴雨倾盆,黄河决堤,房屋被毁,庄稼遭淹,水里漂着鸡猪牛马羊和人的尸体。杜甫的家乡离黄河远,没有遭灾,遭灾的是他的弟弟杜颖做主簿的山东临邑。弟弟写信给他,他听了心疼坏了——他一直都是忧国忧民的性子。

成了家,就该立业了。洛阳是东都,达官贵人也多,干谒的门路也多,所以天宝三年(744)夏天,杜甫再到洛阳。

李白和杜甫,见面了。

这一年,李白四十四岁,杜甫三十三岁。

闻一多写:

……我们应当品三通画角，发三通擂鼓，然后提起笔来蘸饱了金墨，大书而特书。因为我们四千年的历史里，除孔子见老子（假如他们是见过面的），没有比这两人的会面更重大，更神圣，更可纪念的。我们再逼紧我们的想象，譬如说，青天里太阳和月亮碰了头，那么，尘世上不知要焚起多少香案，不知有多少人要望天遥拜，说是皇天的祥瑞。如今李白和杜甫——诗中的两曜，劈面走来了。我们看去，不比那天空的异瑞一样的神奇，一样的有重大的意义吗？

李白被赐金放还，所到之处，有许多拥趸。他到了洛阳，当地士子才人闻风而动，给他接风。

杜甫也去了。看着眼前这个四十多岁、有些疲态的中年人，他想，这就是李白吗？

当李白一杯一杯地喝酒，眼睛越来越亮，说话越来越洒脱时，杜甫确定了：是李白，没错。

大家都向李白敬了酒，李白提壶依次回敬。到了杜甫这儿，杜甫恭恭敬敬地站起来，双手持酒，一饮而尽，并且拿出自己的得意之作《望岳》，请李白指正。

李白当场展开，赞道："好一个'会当凌绝顶，一览众山小'！"

第二天，杜甫便厚着脸皮找上门去了。李白跟杜甫讲长安风光、供职趣事，以及自己被赐金放还的经历，听得杜甫时而向往，时而大笑，时而叹息。他十分羡慕李白的丰富经历，他也想到长安去！

如今的李白已经历经良多，不复激进气质，他身上散发着的抑郁而清淡的气息，是正当壮年的杜甫尚不具备的。

在杜甫眼里，李白的形象越发动人，他的偶像地位再也不可动摇。

此后，杜甫给李白写了好多诗，《赠李白》《又赠李白》《与李十二白同寻范十隐居》《饮中八仙歌》《冬日有怀李白》《春日忆李白》《送孔巢父谢病归游江东，兼呈李白》《梦李白二首》《天末怀李白》《寄李十二白二十韵》《苏端薛复筵简薛华醉歌》《不见》《昔游》《遣怀》……

第五节
千金买壁

二人结伴来到王屋山。王屋山自古便是道教圣地,号称"清虚小有洞天",位居道教十大洞天之首。开元年间,玄宗在王屋山为司马承祯敕建阳台观。他们同游阳台观,李白作《上阳台》,并亲笔书写成帖。

这是李白唯一的传世书法真迹,目前珍藏在北京故宫博物院:

山高水长,物象千万,非有老笔,清壮可穷。十八日,上阳台书,太白。

他们本想寻访道士华盖君,没有遇到,但遇到一个叫孟大融的人。因为志趣相投,李白挥笔给他写了一首诗。

我昔东海上,劳山餐紫霞。
亲见安期公,食枣大如瓜。
中年谒汉主,不惬还归家。
朱颜谢春辉,白发见生涯。
所期就金液,飞步登云车。
愿随夫子天坛上,闲与仙人扫落花。

——《寄王屋山人孟大融》

劳山，即崂山。他居然学着道士"餐紫霞"，即大张着嘴，做咀嚼紫霞状。"餐霞"吃不饱，于是吃枣。李白的眼睛自带放大光圈，枣儿看起来跟瓜一样大。

安期公，人称千岁翁，是方仙道的创始人。据说秦始皇曾召见这位比彭祖还长寿两百年的安期公，密谈了三天三夜。安期公离开时，给秦始皇留言："千年之后，求我于蓬莱山下。"

要说李白到崂山亲见安期公，那当然是不可能的，但是有可能是见到了一个长寿的老道。

接着写自己中年进京，待得不如意，受了些窝囊气，只得灰溜溜回家。接下来怎么办呢？他修改了自己的愿望，想要喝一点能够成仙的金液，登上云车上天，跟着夫子一起云游。

他实在是厌烦透了这人间。

李白和杜甫又结伴来到了梁宋，也就是现在的开封。此时高适赴长安投刺不成，寓居于此——他的理想图景是"二十解书剑，西游长安城。举头望君门，屈指取公卿"，却事与愿违。杜甫便邀他一起，于是三人同行。

他们喝最烈的酒，写最美的诗，看最好看的景。

这天，他们来到古吹台游览，恰听见有人抚琴，便请僧人置办酒菜及笔墨纸砚，借刚修缮一新的厢房，一边畅饮一边谈笑风生。

兴致上来，各自赋诗。

高适、杜甫都写完了，李白喝大了，抓起斗笔在人家的粉壁上大写大画起来："《梁园吟》。"

然后,伴着琴声,笔走龙蛇,一首诗跃然壁上。

> 我浮黄河去京阙,挂席欲进波连山。
> 天长水阔厌远涉,访古始及平台间。
> 平台为客忧思多,对酒遂作梁园歌。
> 却忆蓬池阮公咏,因吟渌水扬洪波。
> 洪波浩荡迷旧国,路远西归安可得!
> 人生达命岂暇愁,且饮美酒登高楼。
> 平头奴子摇大扇,五月不热疑清秋。
> 玉盘杨梅为君设,吴盐如花皎白雪。
> 持盐把酒但饮之,莫学夷齐事高洁。
> 昔人豪贵信陵君,今人耕种信陵坟。
> 荒城虚照碧山月,古木尽入苍梧云。
> 梁王宫阙今安在?枚马先归不相待。
> 舞影歌声散绿池,空余汴水东流海。
> 沉吟此事泪满衣,黄金买醉未能归。
> 连呼五白行六博,分曹赌酒酣驰晖。
> 歌且谣,意方远。
> 东山高卧时起来,欲济苍生未应晚。

三人兴尽而散,和尚可烦了。粉白粉白的墙,被涂成了大花脸。他端来一木盆清水,蘸蘸抹布,就要往墨迹上擦。

"哎!等等!"一个女子叫住了他。

和尚停手,疑惑地打量这个年轻的女子,她的身边还跟着一个小女童。

"阿弥陀佛,女施主有什么事吗?"

"写这首诗的人在哪里?"

"他和两个朋友一起来的,已经走了一个时辰了。"

女子姣好的面容上难掩失望,她一边打量粉壁上的诗,一边暗暗地想:好诗,不知道有没有缘分见到这位君子。

回过神来一看,和尚又要用抹布擦墙了。她赶紧拦下,同和尚商量,用一千两银子买下这首诗长长久久地驻在白墙。

这就是有名的"千金买壁"。

第六节
飞扬跋扈为谁雄

天宝四年（745），高适南游楚地，李白和杜甫继续结伴游历，他们到了齐州，也就是现在的济南。

当时的齐州太守李之芳是李邕的从孙。李白曾狠狠地驳过李邕，如今李邕老了，他们倒是相处得好了。

在齐州，李白写下了剑气纵横的名篇《侠客行》。

> 赵客缦胡缨，吴钩霜雪明。
> 银鞍照白马，飒沓如流星。
> 十步杀一人，千里不留行。
> 事了拂衣去，深藏身与名。
> 闲过信陵饮，脱剑膝前横。
> 将炙啖朱亥，持觞劝侯嬴。
> 三杯吐然诺，五岳倒为轻。
> 眼花耳热后，意气素霓生。
> 救赵挥金槌，邯郸先震惊。
> 千秋二壮士，烜赫大梁城。
> 纵死侠骨香，不惭世上英。
> 谁能书阁下，白首太玄经。

赵国侠客的帽子上点缀着胡缨,吴钩宝剑如霜雪般锃明。

银鞍与白马辉映,马儿飞奔起来时如同流星。

十步之内便杀一人,千里关隘留不住他的身影。

侠事做完,拂衣而去,不露声名。

空闲时也会喝点小酒,脱下剑来,横在膝前。

与朱亥一起大块吃肉,与侯嬴一道大碗喝酒。

三杯下肚,一诺千金,与义气相比,五岳如鸿毛轻。

朱亥挥金槌、杀大将、窃兵符以救赵,使邯郸军民大为震惊。

他们二人真是千秋万古的壮士,声名煊赫。

谁能学扬雄终身在书阁中,头发白了,还在写《太玄经》。

这年秋天,大雁远来,长天无云。李白久客在外,心绪难平。听说有个姓范的,叫范十,正在城北的田园隐居。

干脆和杜甫找他去。

结果走到城壕边就迷了路,连老马都不认识老路了,漫山漫坡地乱走,衣服上沾满了苍耳。

好不容易找到老范家,老范乐哈哈地迎上来,抓住李白的手臂问:"你是谁呀?怎么跟被人打劫了似的!"

李白说:"别管我们是谁了,我们听说你的大名,来看看你。"

"好哇,好哇,"范十拎起小篮子,"走,随我去弄点下酒菜。"

李白和杜甫跟着他出了门,还以为他要割肉打酒,嘁,原来就是拔点田里的蔬菜,摘两枚道边的霜梨,回家切切拌拌,就着自酿的土酒,三个人自斟自酌起来。

屋门敞着,能看见村北的酸枣累累,篱东的寒瓜蔓地。李白高兴了,连干四五杯,晕陶陶地高唱《猛虎词》。

他们在范十这儿流连了十天,醒了醉,醉了醒,不知道抬腿离开这里后,何时再能疯上一回?

罢了,他自我开解:既是风流之士,命中注定颠簸,若无幽默自嘲的性格,何以遣此无趣生涯。

生怕醒着舍不得离开,趁着大醉,李白解下老马,叫上杜甫:"走了!"

关于这趟有意思的旅行,两人都写了诗。很明显,杜甫遭了李白的克制:

> 李侯有佳句,往往似阴铿。
> 余亦东蒙客,怜君如弟兄。
> 醉眠秋共被,携手日同行。
> 更想幽期处,还寻北郭生。
> 入门高兴发,侍立小童清。
> 落景闻寒杵,屯云对古城。
> 向来吟橘颂,谁欲讨莼羹。
> 不愿论簪笏,悠悠沧海情。
> ——杜甫《与李十二白同寻范十隐居》

> 雁度秋色远,日静无云时。
> 客心不自得,浩漫将何之。
> 忽忆范野人,闲园养幽姿。

茫然起逸兴，但恐行来迟。
城壕失往路，马首迷荒陂。
不惜翠云裘，遂为苍耳欺。
入门且一笑，把臂君为谁。
酒客爱秋蔬，山盘荐霜梨。
他筵不下箸，此席忘朝饥。
酸枣垂北郭，寒瓜蔓东篱。
还倾四五酌，自咏猛虎词。
近作十日欢，远为千载期。
风流自簸荡，谑浪偏相宜。
酣来上马去，却笑高阳池。

——李白《寻鲁城北范居士失道落苍耳中见范置酒摘苍耳作》

隐士，在历朝历代都有它固有的社会职能，那就是给一个劲儿地拼命往前冲的人一个退路，一个选择，一个转身的可能。

行走江湖，各问前程。从范十山庄回来后，杜甫要到长安求官，于是与李白在曲阜的石门前告别。

醉别复几日，登临遍池台。
何时石门路，重有金樽开。
秋波落泗水，海色明徂徕。
飞蓬各自远，且尽手中杯。

——李白《鲁郡东石门送杜二甫》

秋来相顾尚飘蓬,
未就丹砂愧葛洪。
痛饮狂歌空度日,
飞扬跋扈为谁雄。
——杜甫《赠李白》

这一次,杜甫的诗更胜李白。痛饮狂歌,消磨日子,像您这样意气豪迈的人,到底为谁如此逞强?

第七节
一个绮丽的梦

天宝五年（746），李白归家。

甫一回家，就遭质问："钱呢？"

钱？

是，朝廷给了他一笔遣散费。可是他吃呀，喝呀，玩儿呀，乐呀，途中还跟人家学炼丹，早都花完了，一身道袍，两袖清风。

这把女人气的：不跟你过了，走了！

李白回到家就大病了一场，可能是吃丹砂吃坏了肚子，也可能是郁结于心，也可能是受了路途风霜。反正一病就是大半年，直到秋天才渐渐好转。

病榻缠绵，女儿伺候床前。等他好了，又待不住了。

他等不及来年春暖花开，简单地收拾了行囊，佩一把剑，又踏上了征程。

乡里百姓的日子越来越不好过，赋税越来越重，当官的越来越不把百姓的命当命。收成不好，吃不饱，儿女的愁眉泪眼也让他寝食难安，不如上路，不如上路。

之所以要离家远游，还因为他做了一个梦。

在做梦之前，李白曾与一个海外来客吃酒，席间谈天说地，说到海外有一座瀛洲，烟波渺茫，难以寻访。又有一个越中来的客人，说他们那里的天姥山，倒是可以在云雾忽明忽灭间看得见。

天姥山什么样呢？客人走后，他酒醉酣睡，做了一个奇妙的梦：

海客谈瀛洲，烟涛微茫信难求；
　　越人语天姥，云霞明灭或可睹。
　　天姥连天向天横，势拔五岳掩赤城。
　　天台四万八千丈，对此欲倒东南倾。

　　天姥山高而且险，既像连接着天，又好似一把剑把天空遮断，山势高峻超过五岳。天台山虽高四万八千丈，但面对它时，就像往东南方向倾斜拜倒。

　　我欲因之梦吴越，一夜飞度镜湖月。
　　湖月照我影，送我至剡溪。
　　谢公宿处今尚在，渌水荡漾清猿啼。
　　脚著谢公屐，身登青云梯。
　　半壁见海日，空中闻天鸡。

　　他梦游到了吴越，飞渡过镜湖，明月一直伴随他到了剡溪。谢灵运住的地方如今仍在，清澈的湖水荡漾，猿猴阵阵清啼。
　　他穿上谢公当年特制的木鞋，攀登直上云霄的山路。
　　上到半山腰就看见了从海上升起的太阳，又听到天鸡报晓的叫声远远传来。

　　千岩万转路不定，迷花倚石忽已暝。
　　熊咆龙吟殷岩泉，栗深林兮惊层巅。
　　云青青兮欲雨，水澹澹兮生烟。
　　列缺霹雳，丘峦崩摧。

洞天石扉，訇然中开。
青冥浩荡不见底，日月照耀金银台。
霓为衣兮风为马，云之君兮纷纷而来下。
虎鼓瑟兮鸾回车，仙之人兮列如麻。

无数山岩重叠，道路盘旋弯曲，他一会儿迷恋花开，一会儿倚着石头暂歇，不知不觉间，天色已晚。只听得熊在怒吼，龙在长鸣，岩中泉水震响，使森林山峰战栗。

云层黑沉沉的，像是要下雨，水面荡起阵阵轻烟。

仙府的石门，就在一瞬间，訇地从中间打开。

洞中蔚蓝的天空广阔无际，日月照耀着金银做的宫阙。仙人们穿着彩虹做的衣裳，以风作马，纷纷从云上下来。

忽魂悸以魄动，恍惊起而长嗟。
唯觉时之枕席，失向来之烟霞。
世间行乐亦如此，古来万事东流水。
别君去兮何时还？且放白鹿青崖间。须行即骑访名山。
安能摧眉折腰事权贵，使我不得开心颜！

李白猛然惊醒，不禁长叹。

——醒来时只有身边的枕席，梦中所见全都消失。人世间的欢乐就像梦中幻境，自古以来万事都像东流的水，一去不回。

算了算了，朋友们，我走了，你们在家里等我回来吧。

我什么时候回来？这可说不准，因为我想要寻仙访道，要在青崖间放牧，骑着白鹿寻访名山。

　　想起过往几十年，不由得气闷难言：怎么能卑躬屈膝地侍奉权贵，使我不能有舒心畅意的笑颜！

　　一个绮丽的梦，成就一首伟大的诗。

第七章
天柱摧折不可挽

第一节
昔人已乘黄鹤去

　　李白又到了睢阳,又去了梁园。他都不知道,他的笔墨还在人家墙上呢,如果不是一个女子千金买壁,早被和尚抹掉了。

　　已经入冬,雪深三尺,梁园一派萧瑟。惊喜的是,他居然遇到了故友岑勋。他很高兴,当初他和岑夫子、丹丘生一起喝大酒、吹大牛的情景历历在目。

　　　若有人兮思鸣皋,阻积雪兮心烦劳。
　　　洪河凌兢不可以径度,冰龙鳞兮难容舠。
　　　邈仙山之峻极兮,闻天籁之嘈嘈。
　　　霜崖缟皓以合沓兮,若长风扇海涌沧溟之波涛。
　　　玄猿绿罴,舔馀崟岌。
　　　危柯振石,骇胆栗魄,群呼而相号。
　　　峰峥嵘以路绝,挂星辰于岩嶅。
　　　送君之归兮,动鸣皋之新作。
　　　交鼓吹兮弹丝,觞清泠之池阁。
　　　君不行兮何待,若反顾之黄鹤。
　　　扫梁园之群英,振大雅于东洛。
　　　巾征轩兮历阻折,寻幽居兮越巇嶭。
　　　盘白石兮坐素月,琴松风兮寂万壑。

望不见兮心氛氲，萝冥冥兮霰纷纷。
水横洞以下渌，波小声而上闻。
虎啸谷而生风，龙藏溪而吐云。
寡鹤清唳，饥鼯嘁呻。
块独处此幽默兮，愀空山而愁人。
鸡聚族以争食，凤孤飞而无邻。
蝘蜓嘲龙，鱼目混珍。
嫫母衣锦，西施负薪。
若使巢由桎梏于轩冕兮，亦奚异乎夔龙蹩躠于风尘。
哭何苦而救楚，笑何夸而却秦。
吾诚不能学二子沽名矫节以耀世兮，固将弃天地而遗身。
白鸥兮飞来，长与君兮相亲。

——《鸣皋歌送岑征君》

在老朋友面前，他不再绷着。他的阴郁、失望、狂乱、落寞，都在诗里了。

走着走着，就到春天了。春天的扬州，浅碧丝金，绿柳周垂。想当初，他曾在这一带"散金三十余万"。那时候，他是真的坚信"千金散尽还复来"，如今现实把他薅成了秃尾巴公鸡。

李白与故友应酬一番后，又启程了。春色渐深，金陵到了。

山水依旧，天光依旧，人不是那个人了。

凤凰台上凤凰游，凤去台空江自流。
吴宫花草埋幽径，晋代衣冠成古丘。

三山半落青天外，二水中分白鹭洲。
总为浮云能蔽日，长安不见使人愁。
　　　　　　——《登金陵凤凰台》

李白看着金陵的凤凰台，想到的却是被浮云遮蔽的、太阳一般遥远的长安城。

他和孟浩然同游的时候，曾在黄鹤楼上见到崔颢的题诗：

昔人已乘黄鹤去，此地空余黄鹤楼。
黄鹤一去不复返，白云千载空悠悠。
晴川历历汉阳树，芳草萋萋鹦鹉洲。
日暮乡关何处是？烟波江上使人愁。

李白摇头长叹："眼前有景道不得，崔颢题诗在上头。"

夜里，万籁俱寂，路边花、树中鸟皆睡去。李白也睡下了，他恍惚梦见女儿平阳折了他三年前种下的一棵桃树上开出的桃花，她倚着桃树，嗅着桃花，想起父亲，不由得哭泣；又梦见儿子伯禽，他已和姐姐一般高了，女儿抚着儿子的背，一边哭一边安慰同样想念父亲的弟弟。

梦中惊醒，心肝忧煎，磨墨蘸笔。

吴地桑叶绿，吴蚕已三眠。
我家寄东鲁，谁种龟阴田？
春事已不及，江行复茫然。

南风吹归心，飞堕酒楼前。
楼东一株桃，枝叶拂青烟。
此树我所种，别来向三年。
桃今与楼齐，我行尚未旋。
娇女字平阳，折花倚桃边。
折花不见我，泪下如流泉。
小儿名伯禽，与姊亦齐肩。
双行桃树下，抚背复谁怜。
念此失次第，肝肠日忧煎。
裂素写远意，因之汶阳川。

——《寄东鲁二稚子》

"龟阴田"在今山东新泰龟山之北，即李白安家的地方。儿子种地，女儿纺棉织布，他到处游历。

想儿女就回去嘛，可是李白又不回去。

李白想，如今贺老头子在越中过他的逍遥生活，找他去，再蹭他几顿酒喝。一路走走停停，行行赏赏，天宝六年（747），鲜荷初绽之际，他来到了贺知章的家乡四明。

但是，老人已经病故了。

他的泪一下子就下来了。

四明有狂客，风流贺季真。
长安一相见，呼我谪仙人。

昔好杯中物，翻为松下尘。
金龟换酒处，却忆泪沾巾。

狂客归四明，山阴道士迎。
敕赐镜湖水，为君台沼荣。
人亡余故宅，空有荷花生。
念此杳如梦，凄然伤我情。
　　　　　——《对酒忆贺监二首》

第二节
穷兵黩武今如此

贺知章见证了大唐帝国的崛起与鼎盛,又在嗅到危机的时候,果断抽身,他更像是下凡的谪仙人。只不过,他不是来历劫的,他的一生没有劫。

李白才是满满的劫,一步一个劫。

他又遇到了昔日同僚崔成甫。

崔成甫挺高兴,赋诗一首:

> 我是潇湘放逐臣,君辞明主汉江滨。
> 天外常求太白老,金陵捉得酒仙人。
> ——《赠李十二白》

二人同饮,崔成甫这个大嘴巴,一边喝酒,一边不停地说李白离京后的长安时政。

杨太真已经成了杨贵妃,杨国忠当了右丞相,杨家三姐妹都被赐为国夫人。

此时,杜甫已经到了长安城。

天宝六年(747),玄宗诏天下"通一艺者"到长安应试,杜甫也参加了。

结果,杜甫落榜了。不仅他,所有考生均落榜,因为李林甫跟唐玄宗说,这些人都不是人才,人才早都被朝廷网罗了,"野无遗贤"!

太伤人了,太伤心了。杜甫再也不参加科举了。

后来，杜甫投诗给欣赏他文才的韦济。韦济当时是尚书左丞，但是他似乎没办法帮助杜甫得到一官半职。

杜甫的日子一天比一天难过，他又跑去给贵族当宾客。可是当宾客的报酬不够他养家的。没办法，他又采草药上街卖。

他也像李白那样，给张垍投过诗，一样没回信。

他也给谏议大夫郑审献过诗，也没用。

后趁着玄宗在太清宫、太庙和南郊举行盛大祭典的机会，杜甫直接献上三篇大赋。这个倒是有用了，玄宗让他在集贤院待诏，让宰相亲自考他。

结果是"名实相副"，杜甫被列入候选人名单，然后就没了下文。

没钱孝敬，有下文才怪。

李林甫真是罪孽深重，他与崛起的杨国忠明争暗斗，搞得朝堂阴云滚滚。李邕就被李林甫阴害杖毙，崔成甫则是获罪遭贬。

如果贺知章没有早点离开朝堂，说不定也会叫人活活打死。

大唐凛冬将至，在劫难逃。

因为大唐的心脏坏了。

心脏坏了，肢体也就不好了，百姓的日子，越来越难过。李白始终在江南一带流连，什么都看得见。

云阳上征去，两岸饶商贾。
吴牛喘月时，拖船一何苦。
水浊不可饮，壶浆半成土。
一唱督护歌，心摧泪如雨。
万人凿盘石，无由达江浒。

君看石芒砀，掩泪悲千古。

——《丁督护歌》

李白重游吴王夫差的姑苏台：

旧苑荒台杨柳新，菱歌清唱不胜春。
只今唯有西江月，曾照吴王宫里人。

——《苏台览古》

又到越王勾践的故地，作《越中览古》：

越王勾践破吴归，义士还乡尽锦衣。
宫女如花满春殿，只今唯有鹧鸪飞。

李白的笔调越来越沉郁。

浙江的天台山，灵溪绿树，万松生长，远眺东海，万顷碧涛。日出之际，朝霞明灭，绝壁生光。

登临了这么好的一座山，李白还是不开心。

登高丘而望远海，六鳌骨已霜，三山流安在？
扶桑半摧折，白日沉光彩。
银台金阙如梦中，秦皇汉武空相待。
精卫费木石，鼋鼍无所凭。
君不见骊山茂陵尽灰灭，牧羊之子来攀登。

盗贼劫宝玉,精灵竟何能。

穷兵黩武今如此,鼎湖飞龙安可乘?

——《登高丘而望远》

登上高丘,遥望大海。传说中的东海六鳌,早已化作如霜白骨,海上的三座神山如今已不知漂流到何处。

神木扶桑可能早已摧折了吧,那可是日出的地方。

传说中的银台金阙只在梦中出现,秦始皇和汉武帝想成仙的愿望终成空。

精卫填海是空费木石,鼋鼍为梁的传说也没有证据。

骊山陵与茂陵中的金珠宝玉被盗贼劫夺一空,任凭牧羊的孩子玩耍攀登。

像这样穷兵黩武、不管百姓死活的帝王,早该有如此下场,他们怎么可能像黄帝那样在鼎湖飞仙乘龙?

——李白的心情郁愤,已经逼近杜甫的心境。

第三节
红鸾之喜

玄宗不是一个严苛的皇帝,李白对他有着深重的孺慕之思,可是他却无计可施。

> 铿鸣钟,考朗鼓。
> 歌白鸠,引拂舞。
> 白鸠之白谁与邻,霜衣雪襟诚可珍。
> 含哺七子能平均。
> 食不喧,性安驯。
> 首农政,鸣阳春。
> 天子刻玉杖,镂形赐耆人。
> 白鹭之白非纯真,外洁其色心匪仁。
> 阙五德,无司晨,胡为啄我葭下之紫鳞。
> 鹰鹯雕鹗,贪而好杀。
> 凤凰虽大圣,不愿以为臣。
> ——《夷则格上白鸠拂舞辞》

鸣钟铿铿,朗鼓咚咚。
《白鸠》声声,拂舞阵阵。

白鸠毛羽洁白,谁能与之为邻,衣襟如霜雪,实在值得珍惜。

哺养七子,平平均均。

不争不抢,性情安驯。

首推农政,鸣贺阳春。

天子刻的玉杖上雕镂着白鸠形状,赐给老人。

白鹭的外在虽白,其心内不仁。

缺乏鸡的五德,也不能早晨打鸣,还乱啄我苇下的紫鳞。

鹰鹯雕鹗,贪婪好杀。

凤凰虽有大圣之德,并不愿与之同殿为臣。

——李白对大唐朝政也好,大唐官员也好,实在是太失望了,失望透了。

李白借诗狠狠地抒发了一番情怀,读起来如铁汁淌溅,火树银花的炫目繁华里,是燎皮烫肉的疼:

> 昨夜吴中雪,子猷佳兴发。
> 万里浮云卷碧山,青天中道流孤月。
> 孤月沧浪河汉清,北斗错落长庚明。
> 怀余对酒夜霜白,玉床金井冰峥嵘。
> 人生飘忽百年内,且须酣畅万古情。
> 君不能狸膏金距学斗鸡,坐令鼻息吹虹霓。
> 君不能学哥舒,横行青海夜带刀,西屠石堡取紫袍。
> 吟诗作赋北窗里,万言不值一杯水。
> 世人闻此皆掉头,有如东风射马耳。
> 鱼目亦笑我,谓与明月同。

骅骝拳跼不能食，蹇驴得志鸣春风。
折杨皇华合流俗，晋君听琴枉清角。
巴人谁肯和阳春，楚地由来贱奇璞。
黄金散尽交不成，白首为儒身被轻。
一谈一笑失颜色，苍蝇贝锦喧谤声。
曾参岂是杀人者？谗言三及慈母惊。
与君论心握君手，荣辱于余亦何有。
孔圣犹闻伤凤麟，董龙更是何鸡狗。
一生傲岸苦不谐，恩疏媒劳志多乖。
严陵高揖汉天子，何必长剑拄颐事玉阶。
达亦不足贵，穷亦不足悲。
韩信羞将绛灌比，祢衡耻逐屠沽儿。
君不见李北海，英风豪气今何在。
君不见裴尚书，土坟三尺蒿棘居。
少年早欲五湖去，见此弥将钟鼎疏。

——《答王十二寒夜独酌有怀》

天宝九年（750），李白从金陵到浔阳，又北上造访隐居在石门山的丹丘生。

老友重逢，李白很快乐：

峰峦秀中天，登眺不可尽。
丹丘遥相呼，顾我忽而哂。
遂造穷谷间，始知静者闲。

留欢达永夜,清晓方言还。
——《寻高凤石门山中元丹丘》

但是,心里很烦,"人生信多故,世事岂唯一。念此忧如焚,怅然若有失"。李白最根本的欲望没有得到疏解,他总觉得自己不应该只是一个诗人。

在南阳,李白还邂逅了崔宗之。崔宗之是玄宗的宰相崔日用之子,袭封齐国公,与贺知章、张旭、李白等并称"酒中八仙"。崔宗之邀李白赴菊潭宴饮,还送了他一张珍贵的孔子琴。李白很激动,后来作了一首题目很长的诗——《忆崔郎中宗之游南阳遗吾孔子琴,抚之潸然感旧》:

昔在南阳城,唯餐独山蕨。
忆与崔宗之,白水弄素月。
时过菊潭上,纵酒无休歇。
…………

他喝酒、作诗、会友的时候,并没有想到自己又有红鸾之喜。
"千金买璧"的女主角宗氏,是前朝宰相宗楚客的孙女。宗楚客是武则天堂姐的儿子,兄弟三人都曾是武则天的亲信,后来被发配流放。后来,宗楚客依附韦后与武三思,被唐玄宗杀了。
不管怎样,宗氏毕竟是宰相之后,家世、修养都在那里。
李白回到南阳后,无意间听说了宗氏女"千金买璧"的故事,真是又惊讶又感动。普天之下,四海之滨,尚有一个红粉佳人是知己。
此时,高适应科中第,被授封丘尉。他代李白到宗府说媒,宗氏应了,李白欣喜若狂。

宗氏并不嫌弃李白是个带着三个孩子的老光棍——他和许氏生女平阳、生子伯禽,和第二任妻子刘氏没有生育子女,和第三位不知道姓氏的女子同居,生有第三子颇黎。

宗氏也不嫌他贫困。

李白的聘礼就是他的诗——《梁园吟》,他再次入赘,开始了"一朝去京阙,十载客梁园"的生活。

第四节
到幽州去

宝刀截流水,无有断绝时。
妾意逐君行,缠绵亦如之。
别来门前草,秋巷春转碧。
扫尽更还生,萋萋满行迹。
鸣凤始相得,雄惊雌各飞。
游云落何山?一往不见归。
估客发大楼,知君在秋浦。
梁苑空锦衾,阳台梦行雨。
妾家三作相,失势去西秦。
犹有旧歌管,凄清闻四邻。
曲度入紫云,啼无眼中人。
妾似井底桃,开花向谁笑?
君如天上月,不肯一回照。
窥镜不自识,别多憔悴深。
安得秦吉了,为人道寸心。

————《自代内赠》

李白模拟宗氏口吻,写夫人对自己的相思:

用刀劈流水,流水怎会中断哩?

我的情意追逐着你前行,就像斩不断的水丝一样缠绵。

自从你我分别,门前的野草经历了秋黄与春绿。

刚把它除尽,它就又钻了出来,茂茂盛盛地铺满你走过的地方。

我们情投意合,却彼此分离,南北各一。

如浮云的你,如今又飘落到了哪座山上?

有个商人从大楼山那儿来,我才知道你在秋浦落脚。

我拥着锦被、守着空床,常梦到与你相会。

我还存有过去的乐管,曲调凄怨惊动了四邻。

声音传入云霄,依然不见我心爱的人。

我像深深庭院中的桃树,开出娇艳的花朵又能给谁看?

你像天上的皓月,不肯把清辉洒在我身上。

看着镜中的自己,我都快不认识了,因为分别后的我日益憔悴。

若能得到秦吉了,定让它道我衷心。

——宗氏确实称得上李白的红粉知己,因为他们都信奉道教,她曾与李林甫的女儿李腾空一起求仙问道。

之所以相思,是因为分离。李白离开妻子,再次远行了。

这次他没有南下,而是选择北上,因为他"羞作济南生,九十诵古文。不然拂剑起,沙漠收奇勋。老死阡陌间,何因扬清芬"。

但是,到哪里才有机会"收奇勋""扬清芬"呢?

他苦思冥想。

忽然,眼睛一亮:

幽州。

到幽州去。

幽州是大唐东北方向边防的支撑点，是堵住契丹南犯的第一线。

先天二年（713），朝廷置幽州节度使，以控制奚、契丹等民族；天宝元年（742），改为范阳郡，设兵力九万余人。

李白为什么要到幽州去？

有人推测，他是带着政治任务去的。

李白在翰林院任职的时候曾对人说，唐玄宗"问以国政，潜草诏诰，人无知者"。就是说，唐玄宗问过他国家政事，他还是一些诏书的秘密起草人——皇帝也有一些事情是不愿意或者不能放在台面上说的。

所以就有人说，让李白回归山林，其实是让他当密探，各处寻访。

不过，这只是后人想象力的产物，作不得数，当不得真。而且，玄宗不会派一个没有经过探子基本训练的人去，李白口又敞，笔又开，分分钟泄密，不是合适的人选。

另一个原因就是李白的建功立业之心不死，他跑遍全国不得一展长才，所以想去边疆碰碰运气。从军边塞对于大唐文人来说，也是一条不错的出路。

《乐府诗集》中的《箜篌引》载：

公无渡河，公竟渡河。渡河而死，将奈公何！

李白竟真的作了一首叫《公无渡河》的诗：

黄河西来决昆仑，咆哮万里触龙门。

波滔天，尧咨嗟。

大禹理百川，儿啼不窥家。

杀湍湮洪水，九州始蚕麻。

其害乃去，茫然风沙。

被发之叟狂而痴，清晨临流欲奚为。

旁人不惜妻止之，公无渡河苦渡之。

虎可搏，河难凭，公果溺死流海湄。

有长鲸白齿若雪山，公乎公乎挂罥于其间。

箜篌所悲竟不还。

黄河西来，决开昆仑，咆哮万里，直触龙门。

波浪滔天，尧帝慨叹。

大禹治理泛滥百川，幼儿啼哭，也顾不上回家看一看。

杀灭湍湍洪水，九州方能养蚕种麻。

水害虽去，却又阵阵风沙。

披头散发的狂夫痴痴傻傻，清晨渡河，是要做啥？

旁人不管他，妻子忙阻他："不要渡河呀，良人你不要渡河呀。"他扑通一声，硬是跳下河去啦。

老虎能打，大河难过，狂夫溺毙，随大海去了。

长鲸的白齿像座座雪山，狂夫哇狂夫，挂在了牙齿之间。

妻子弹起箜篌，悲声阵阵，她的丈夫再也不能回还。

——李白知道自己是个狂夫，也许有去无回；也知道他的妻子高喊让他不要渡河，可是他就要渡河，死也要把这大河狂涛渡一渡。

天宝十一年（752）春夏之交，杨絮蒙蒙，日丽风清，李白在白马渡口过黄河,一路向北来到魏郡。

魏郡少府苏因接待了他。在苏因陪同下,李白泛舟淇水:

> 魏都接燕赵,美女夸芙蓉。
> 淇水流碧玉,舟车日奔冲。
> 青楼夹两岸,万室喧歌钟。
> …………

李白流连魏郡月余,继续北上,来到幽州。

这座城市充满了紧张的气氛,城门守卫对出入城的军民再三盘查,确认身份后才放行。城内铁坊遍布,炼铁的火星子乱迸,浓烟滚滚,笼罩着幽州城。

第五节
一腔热血喂了狗

　　李白背着行囊好不容易进了城，正左顾右盼，忽然一个人惊喜地把他袖子一拉："太白兄！"

　　李白扭头一看，也又惊又喜："崔兄！"

　　原来是崔度。

　　崔度是故人礼部员外郎崔国辅的儿子，天宝初年时，两人见过。那时崔度还年轻，如今将近而立，屡试不第，弃文从武，在安禄山幕府中任判官。

　　崔度热情地拉着李白去喝酒，喝着喝着，有点管不住自己的嘴，给李白透露了不少安禄山的秘密。

　　原来安禄山的所谓战功赫赫，靠的居然是蒙骗。他曾经将奚和契丹的酋长请来，把他们灌醉，绑了送到朝廷充当战俘。

　　如今安禄山执掌全国一半的兵权，还打着靖边的名义继续招兵买马。士兵勤操苦练，日夜不停，李白以为他们是为了保家卫国，其实是要暴起发难。

　　崔度苦恼得很："太白兄，你说我该怎么办？我总觉得这里很危险，睡觉都不安生。"

　　李白举起杯和他一碰："趋吉避凶啊，崔兄！"

　　"好！"崔度双手拍桌，下定了决心，"我这就回去请辞，走的时候你来送我吗？"

　　"来。"

> 幽燕沙雪地，万里尽黄云。
> 朝吹归秋雁，南飞日几群。
> 中有孤凤雏，哀鸣九天闻。
> 我乃重此鸟，彩章五色分。
> 胡为杂凡禽，雏鹜轻贱君。
> 举手捧尔足，疾心若火焚。
> 拂羽泪满面，送之吴江濆。
> 去影忽不见，踌躇日将曛。
>
> ——《送崔度还吴》

崔度找了个借口，离开了幽州。李白将他送走后，自己也迷茫，不知何去何从。还要入幕为僚吗？还是想办法报告给圣人，说安禄山有反心，让他尽早提防呢？

可是，他没有渠道将这个消息传递给上面。

一腔热血喂了狗。

有人说李白是哥舒翰派去的细作，还说哥舒翰是突骑施（西突厥别部）人，李白的出生地碎叶后来落入突厥人之手，二人语言、习俗相近；而且李白的"白"在突厥语中意为"白马"，而哥舒翰的"翰"亦有"白马"之意，由此证明二人关系紧密——这种逻辑真的说得通吗？

有一个共同点倒是真的：李白看出安禄山要反，哥舒翰也看出安禄山要反。可惜一个没有上达的渠道；一个上达天听了，玄宗不肯信。

长啸梁甫吟，何时见阳春？

君不见，朝歌屠叟辞棘津，八十西来钓渭滨。
宁羞白发照清水，逢时壮气思经纶。
广张三千六百钓，风期暗与文王亲。
大贤虎变愚不测，当年颇似寻常人。
君不见，高阳酒徒起草中，长揖山东隆准公。
入门不拜骋雄辩，两女辍洗来趋风。
东下齐城七十二，指挥楚汉如旋蓬。
狂客落魄尚如此，何况壮士当群雄。
我欲攀龙见明主，雷公砰訇震天鼓。
帝旁投壶多玉女，三时大笑开电光，倏烁晦冥起风雨。
阊阖九门不可通，以额叩关阍者怒。
白日不照吾精诚，杞国无事忧天倾。
猰貐磨牙竞人肉，驺虞不折生草茎。
手接飞猱搏雕虎，侧足焦原未言苦。
智者可卷愚者豪，世人见我轻鸿毛。
力排南山三壮士，齐相杀之费二桃。
吴楚弄兵无剧孟，亚夫咍尔为徒劳。
梁甫吟，声正悲。
张公两龙剑，神物合有时。
风云感会起屠钓，大人岘屼当安之。

——《梁甫吟》

长长地吟唱《梁甫吟》，何时才能见阳春？
君不见，棘津的姜太公，在朝歌屠牛为生，为了做一番大事业，八十岁了辞别家乡在渭水滨垂钓。

白发照清水,满心正羞愤,何时运势起,壮气安河山。

早有治国方略三千六百套,只等与文王相亲近。

大贤变成虎,愚人不知道,当年看起来,不过寻常人。

君不见,酒鬼郦食其,出身草莽,见了刘邦不跪拜,只以长揖表尊重。

一阵雄辩折服刘邦,停止洗脚,挥退美女,洗耳恭听。

凭一张利口拿下齐国七十二座城池,楚汉大军被指挥得如同被风吹的蓬草。

一个落魄的狂人都能建这样的大功,何况我智勇双全,足可抵挡群雄。

我想见皇上,可是皇帝在干什么?

和美女们投壶玩乐,笑得灿烂,殊不知宫墙外阴晦昏暗,风雨马上就要来临。

重重门禁无路通,以额叩门惹得守门的人大怒。

白日昭昭,照不见我的一片忠诚,他们说国家无事,我是白白地担忧天倾。

獥獝磨牙要追着吃人肉啦,我这个驺虞却不愿意折断哪怕一根生长的草茎。

我可以徒手接飞猱,也可以与雕虎搏斗;我可以足踏焦原,虽痛而不言苦。

聪明人哪,把才智藏起来吧,你看那愚者正逗英豪。我明明身有大能,世人看我却轻如鸿毛。

我可以杀掉南山三壮士,就像晏婴杀他们所费不过是两只桃。

安禄山起兵,却没有剧孟那样的谋士,匹夫一个,成不了大事。

《梁甫吟》,声音悲。

干将和镆铘,相合会有时。

安心等待吧,等那最好的时机。

第六节
三到长安

李白越发沉郁,而且面临的是更为险恶的世界。

烛龙栖寒门,光曜犹旦开。
日月照之何不及此?唯有北风号怒天上来。
燕山雪花大如席,片片吹落轩辕台。
幽州思妇十二月,停歌罢笑双蛾摧。
倚门望行人,念君长城苦寒良可哀。
别时提剑救边去,遗此虎文金鞞靫。
中有一双白羽箭,蜘蛛结网生尘埃。
箭空在,人今战死不复回。
不忍见此物,焚之已成灰。
黄河捧土尚可塞,北风雨雪恨难裁。

——《北风行》

终于,他下定了决心。

天宝十二年(753)春,李白从幽州南返。

贵乡县县令是李白的老朋友韦良宰。当年李白离京,韦良宰"送余骠骑亭","慷慨泪沾缨"。他乡遇故知,韦良宰把李白安排到魏郡昌乐馆,设酒招待。

美酒浇不散胸中块垒，后来李白在《经乱离后天恩流夜郎忆旧游书怀赠江夏韦太守良宰》一诗中追忆：

> 十月到幽州，戈铤若罗星。
> 君王弃北海，扫地借长鲸。
> 呼吸走百川，燕然可摧倾。
> 心知不得语，却欲栖蓬瀛。
> 弯弧惧天狼，挟矢不敢张。
> 揽涕黄金台，呼天哭昭王。
> 无人贵骏骨，绿耳空腾骧。
> 乐毅倘再生，于今亦奔亡。

眼看着安禄山要谋反，我却苦于没有进谏圣上的机会，只能趁着大乱未至早早隐居。我是那么悲愤，却敢怒不敢言！遥想当年燕昭王重用贤臣良将，如今像我这样的千里马却无人问津。

在诗的后半部分，李白写道：

> 桀犬尚吠尧，匈奴笑千秋。
> 中夜四五叹，常为大国忧。

桀犬吠尧，古来之理，别让匈奴笑话我们哪。我常常半夜失眠，唉声叹气，为国忧愁哇。

李白又回了宗家庄，夫妻执手相看，李白既羞赧，又忧心。

他又失败了。

而且他还瞥见了大唐的危机,坐立不安。

妻子说:"咱们去山里吧,继续修仙。这世道纷乱,咱都不管……"

说着说着,她就停了下来,因为她看见了丈夫的神色。

她了解这个男人执拗的一面,她知道劝不住他,他又要走了。

他的目的地,永远不是自己身边。

天宝十三年(754),李白三到长安。他想再见圣人一面,跟他说安禄山的狼子野心。可是不巧,玄宗正在处置那些跟他说安禄山有狼子野心的人……

正巧,哥舒翰去岁上京,如今正在长安。

哥舒翰比李白小三岁,他声若洪钟,身材高大,进出房门须低头,不然会撞门框。

> 天为国家孕英才,森森矛戟拥灵台。
> 浩荡深谋喷江海,纵横逸气走风雷。
> 丈夫立身有如此,一呼三军皆披靡。
> 卫青谩作大将军,白起真成一竖子。
> ——《述德兼陈情上哥舒大夫》

他不遗余力地夸哥舒翰,说他是天赐的英雄良将,有计谋。他说男人就该像哥舒翰一样,登高一呼,三军披靡,与他相比,名将卫青与白起也是小意思。

李白这么说,倒不完全是在巴结,哥舒翰确实是举国瞩目的大英雄。

他是突骑施哥舒部落首领的后裔,作为质子,在长安客居三年,后来从军,并展露杰出的军事才能。天宝十二年(753),哥舒翰再败吐蕃,载誉回朝。

——如果能和哥舒翰搭上线，请哥舒翰向玄宗陈情，说明安禄山的狼子野心……

没毛病。

贵妃的寿辰快要到了。早在桃花吐艳、关中入春之际，各个地方官就开始搜罗奇珍异宝，流水般送往京城。织娘们被征入大明宫，彻夜赶制万寿锦，明灯照夜。

到了生辰这一天，万民来朝，长安城内人山人海。

楼前楼后、大街小巷，到处张灯结彩、敲锣打鼓。临近午时，宫门洞开，御辇出来了，沿途飞锦如画，万民无不瞻拜，好一派"九天阊阖开宫殿，万国衣冠拜冕旒"的大气象。

李白挤在盛世长安，领略着繁华太平，竟心生悲哀。

第七节
青云之交不可攀

李白在人丛里挤着,四处张看,到处是快乐的脸。忽然,他看见一个人:独孤驸马。

二人虽然身份有别,但好歹算有同殿之谊。

都尉朝天跃马归,香风吹人花乱飞。
银鞍紫鞚照云日,左顾右盼生光辉。
是时仆在金门里,待诏公车谒天子。
长揖蒙垂国士恩,壮心剖出酬知己。
一别蹉跎朝市间,青云之交不可攀。
倘其公子重回顾,何必侯嬴长抱关。
——《走笔赠独孤驸马》

李白立地赋诗,赠予独孤驸马,希望驸马能够顾念旧交,这样自己就不必羡慕侯嬴抱关了。

侯嬴是战国时一个看大门的隐士,魏公子无忌毫不在乎他的身份,对他赏识有加。魏公子摆宴,亲自去接侯嬴,结果侯嬴破衣破帽,直接坐在上位,让魏公子驾车,拐个弯儿去屠坊送自己见朋友。

见到朋友,侯嬴仍不走,与其谈东谈西。等到赴宴时,王侯、将相、宾客济济一堂，没一个不骂他的。但是这么一来，魏公子的贤名也传扬出去了。

李白希望独孤驸马能够不顾身份，与自己续接旧交。可是独孤驸马敷衍了他两句，生怕他开口借钱似的，忙忙一抱拳，走了。

李白无聊地驻足了一会儿，继续漫步前行。

走着走着，有两个人迎着他站定："咦！这不是太白学士吗？"

李白的思绪被拉回，定睛一看："啊！王先生，宋先生，好久不见！"

李白待诏翰林的时候，就认识这二位了。王先生是一位补阙，如今挺清闲。玄宗自觉朝政完满，无阙可补，所以他就很识相地不写谏书了，写了也没意思。

宋先生是位庙丞，正八品下的一个小官，负责看守皇室庙宇。

都是小官出身，谁也不嫌弃谁，三人跑到酒楼，你一杯我一杯，推杯换盏起来。

李白谈起自己的见闻，他们两个特别惊讶，羡慕李白能够四处云游。但是当李白说到边塞除了风光辽阔外，还有肃杀之气，安禄山必反时，他们两个先是哈哈大笑，然后一人指着路边槐树下抬槐粒玩儿的稚童，说："你说安禄山会反？"再指着列队而过的士兵，说，"他打得过我皇皇巨都的兵士吗？"

另一个则严肃起来："李兄不要自己吓自己，圣人什么都清楚，他说安禄山不会反，那就必定不会反。而且，"他话锋一转，"向圣人进言，说安禄山要反的，都遭了处分，咱们就不要说这个了。来来来，喝酒，话说李兄你修道修得如何了？说来听听。"

李白只好识趣地闭嘴。好吧，好吧，天不塌叫不醒装睡的人。

不知道是不是酒性太烈，呛得李白红了眼睛：

殷后乱天纪，楚怀亦已昏。
夷羊满中野，菉葹盈高门。
比干谏而死，屈原窜湘源。
虎口何婉娈，女媭空婵娟。
彭咸久沦没，此意与谁论。

君主无道，奸佞当权，朝政黑暗，危机四伏。如今的大唐与殷纣王、楚怀王的时代，有什么区别？他们的未来，难道不是大唐的未来？

商纣忠臣众多而亡，楚怀奸佞充斥而丧，这难道不是我大唐的未来？

眼看覆灭就在眼前，我能怎么办？

三季分战国，七雄成乱麻。
王风何怨怒，世道终纷拏。
至人洞玄象，高举凌紫霞。
仲尼欲浮海，吾祖之流沙。
圣贤共沦没，临岐胡咄嗟。

战国之时，七雄并起，乱局如麻。有远见的高人纷纷避世而去，圣贤也无用武之处，叫我怎不叹息？该去哪里？又如何去？

李白再次铩羽而归。

安邦无路，报国无门。光阴似箭，直戳人心。

喝酒吧，喝酒，喝醉了就什么都不想了，就不再苦恼了。

李白收到过一封信，是从弟李昭寄来的，他是宣州长史，极言宣城之美：

宣城自古为名邑上郡，星分牛斗，地控荆吴，为天下之心腹，实江南之奥壤，既有山川之胜，有兼海陆之丰，永嘉以后，衣冠避难，多来江左，六朝文物萃于斯邑，至今余风犹存，虽闾巷之间，吟咏不辍，宣城为郡治所，据山为城，枕水为邑，山为陵阳，水为宛溪……北望敬亭崛起于川原之中，横峙若屏障，连绵三十里，尤为一郡之雄秀，此高人逸士所必仰止而快登也！

好吧，去宣城。

第八节
弃我去者,昨日之日不可留

路上,经过长江边的横江渡、采石矶,绝壁临空,李白心旌摇动:

  人道横江好,侬道横江恶。一风三日吹倒山,白浪高于瓦官阁。

而且生了怯意:

  月晕天风雾不开,海鲸东蹙百川回。
  惊波一起三山动,公无渡河归去来。

他还惦记着"公无渡河",一边想着不要渡过河去,一边又渡了河去。

  牛渚西江夜,青天无片云。
  登舟望秋月,空忆谢将军。
  余亦能高咏,斯人不可闻。
  明朝挂帆席,枫叶落纷纷。
    ——《夜泊牛渚怀古》

孙吴经略江东,晋室永嘉南渡,隋代韩擒虎伐陈……这里见证了太多的历史沧桑。

李白一生见风见浪,如今于真正的风浪叠涌之地,心中别有一番兴亡之感。

这天,他来到宣城。

此处山川秀美,北有长江东去,内有青弋江、水阳江纵横,南漪湖点缀其间,宛溪、句溪环抱城区,敬亭山、麻姑山诸峰错落。宣纸、宣笔、徽墨是此地特产,造化神奇。

李昭安置他住了下来,他也确实喜欢这儿,一方面爱此地的山水人情,一方面因为仰慕谢朓谢宣城。

谢朓与谢灵运一样,都是南朝时杰出的山水诗人,并称"大小谢"。

李白视谢朓为偶像,"一生低首谢宣城"——谢朓之所以被称为谢宣城,是因为谢朓于南朝齐时曾任宣城太守。

李白多次登楼览胜,怀念谢朓:

江城如画里,山晓望晴空。
两水夹明镜,双桥落彩虹。
人烟寒橘柚,秋色老梧桐。
谁念北楼上,临风怀谢公。

——《秋登宣城谢朓北楼》

谢朓在宣城做太守时的书斋后被改建为层楼,即谢朓楼。他离开宣城后,原楼废弃,后人为了纪念他,在原址上修建了新楼,也就是李白在诗作中提到的谢朓北楼。

故人李云行至宣城,很快又要离开。李白陪他登谢朓楼,设宴送行。

弃我去者,昨日之日不可留;
乱我心者,今日之日多烦忧。
长风万里送秋雁,对此可以酣高楼。
蓬莱文章建安骨,中间小谢又清发。
俱怀逸兴壮思飞,欲上青天览明月。
抽刀断水水更流,举杯消愁愁更愁。
人生在世不称意,明朝散发弄扁舟。
——《宣州谢朓楼饯别校书叔云》

时光如流水,匆匆不回头;人生如朝露,日出无影踪。

李白年过半百,时光弃他而去,前程也差不多弃他而去了。他没有拿自己的诗才当回事,世人也没有拿他从政治国的壮志雄心当回事。现实和理想阴错阳差。

他想逃脱现实,想驾一叶扁舟远离尘世,可是,他始终心有不甘。

这首千古名篇,谁读谁心乱。

又送走了一个朋友。李白心中如丝如缕,搅缠得如同麻团。黑暗挤压,他跑去和青山对坐。

众鸟高飞尽,
孤云独去闲。
相看两不厌,

只有敬亭山。

——《独坐敬亭山》

李白活了五十多年了,欢欣畅快的日子没几天。世态炎凉如刀剑,只有面对山水时,才觉得可与天地万物平等对坐,心内安然。

远远地,一个胡人悠悠地吹起了笛子,不知道是不是在思念家乡:

胡人吹玉笛,一半是秦声。
十月吴山晓,梅花落敬亭。
愁闻出塞曲,泪满逐臣缨。
却望长安道,空怀恋主情。

——《观胡人吹笛》

他是逐臣,却还想着他的圣人。

回到寓所,李白收到了一封陌生人的来信,是从宣城附近的泾县发来的。信里说:

先生好游乎?此地有十里桃花;先生好饮乎?此地有万家酒店。

十里桃花,万家酒店。好心动!

于是,李白收拾收拾就去找这个人赏花喝酒去了。

到了才发现,哪里有桃花,只有一个桃花潭;哪里有万家酒店,只是这家酒店的老板姓万。李白拊掌大笑。

这个妙人,叫汪伦。

汪伦豪阔,久仰李白大名,写信"诓"得他来,二人流连畅饮数日。临别之时,汪伦赠李白名马八匹、官锦十匹,并且亲自踏歌送行。

李白感其意,赋赠汪伦绝句以谢之:

> 李白乘舟将欲行,
> 忽闻岸上踏歌声。
> 桃花潭水深千尺,
> 不及汪伦送我情。
> ——《赠汪伦》

李白还跑到安徽池州住了一阵。池州又称秋浦,他一气写了十七首诗,起了个总名,叫《秋浦歌十七首》。

> 白发三千丈,
> 缘愁似个长。
> 不知明镜里,
> 何处得秋霜。

在宣城的时光,是李白生命中最后一段相对来说比较安逸的时光。

他在宣城一边赏杜鹃花,一边思念故乡:

> 蜀国曾闻子规鸟,
> 宣城还见杜鹃花。

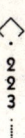

一叫一回肠一断,
三春三月忆三巴。
——《宣城见杜鹃花》

怎么就飘零到这儿了?怎么就老了?老了老了,开始思乡。他用最白的大白话,给他的故乡写了一首最美的情诗:

床前明月光,疑是地上霜。
举头望明月,低头思故乡。
——《静夜思》

第八章
报国无路，囹圄有灾

第一节
渔阳鼙鼓动地来

在李白的视线之外，乍然之间，渔阳鼙鼓动地来。

天宝十四年（755）十一月初八，范阳、平卢、河东三镇节度使安禄山发所部兵及同罗、奚、契丹、室韦凡十五万众，号称二十万，以清君侧为名，反于范阳，南下直取洛阳、长安！

中原已三十余年未闻兵戈之声，仓促之间，文武官吏都蒙了。叛军所过州县，官员们或开门出迎，或弃城而走。个别敢组织抵抗的，均被安禄山的精兵拿下。

消息传到长安，玄宗还认为是个别人别有用心，制造谣言，挑拨离间。直到叛军取了河北全境，又派奇兵掠走了北都留守杨光翙，兵抵黄河北岸，玄宗才开始认真对待。可是他下达的一连串命令自相矛盾，反映着他惶惶不安的内心。

在他茫然和文武百官手足无措的同时，安禄山却目标明确，所过之处，烧！杀！抢！掠！反抗他的军马官兵，或被斩杀，或被活埋。

安禄山攻洛阳，洛阳守军与之展开殊死搏斗，可惜不敌叛军，只得紧闭城门，坚守不出。叛军将无数巨石投入城中，房倒屋塌，狼烟四起。叛军攻入城中，手持长戟，见人就杀，百姓血流成河！

…………

安禄山的叛军就这样长驱直入，大杀四方，他们经过的每一个城镇、每一个村庄，都黑烟弥漫。中原大地十室九空，黄河南北俱成焦土。

　　生者为过客，死者为归人。
　　天地一逆旅，同悲万古尘。

不知道李白写这首诗的时候，是什么心情。

天宝十五年（756）正月，安禄山称帝，国号大燕，年号圣武。

唐玄宗恨自己识人不明，为了遮自己的羞脸，受宦官边令诚的蛊惑，将大将封常清、高仙芝斩首示众。

哥舒翰不得不接受皇帝任命，领兵拒敌。

大家都说安禄山是被杨国忠逼反的，所以哥舒翰的部下王思礼劝哥舒翰诛杀杨国忠，让安禄山没借口进兵。

哥舒翰没有采纳这个建议，但是杨国忠的眼线却将密谋传了出去，杨国忠吓出一身冷汗。

一将一相，开始过招，军情乱糟糟，内政乱糟糟。

哥舒翰分析形势，数次上疏唐玄宗。他认为安禄山手下尽是番将胡人，不服教化，仍保留蛮人习性，所到之地烧杀抢掠，百姓绝不会有归心。所以只要唐军坚守潼关，叛军久攻不下，一定会使其军心涣散，众叛亲离，到时趁势出击，大局可定。

杨国忠却不停地煽风点火，要求唐军兵出潼关，与叛军决战。唐玄宗听了他的话，不断催促哥舒翰。哥舒翰怎么说都没用，就是让他往前冲。

有高仙芝、封常清的前车之鉴，哥舒翰知道如果抗命，脑袋就保不住了。于是天宝十五年（756）六月初四，哥舒翰"恸哭出关"。

初八，决战打响，唐军于隘路中了埋伏，滚木礌石如冰雹砸下，唐军死伤枕藉；又被火攻，烧杀无算；又被前后夹击，溃散逃命，仅掉进黄河淹死的就有几万人。

二十万大军，仅剩八千人逃回潼关。

叛军士气大盛，向唐军直扑而来，哥舒翰被他提拔起来的番将火拔归仁等人劫持。

潼关失陷，长安岌岌可危。安禄山见到哥舒翰，得意扬扬："你过去一直看不起我，如今怎么样？"

哥舒翰伏地谢罪："肉眼不识陛下，以至于此。陛下是拨乱之主，天命所归。李光弼在土门，来瑱在河南，鲁炅在南阳，我为陛下招降他们。"

对，哥舒翰叛变了。

潼关既破，长安已无险可守，安禄山长驱直入。

他把武器对准了大唐心脏。

五陵年少金市东，银鞍白马度春风。
落花踏尽游何处，笑入胡姬酒肆中。

李白《少年行》里的少年，是怎样的好少年？轻裘肥马，春风阵阵，脚步踏处，落花舞旋。游兴未尽，胡姬笑面，美酒当垆，大醉流连。

如今，少年何在？银鞍白马何在？春风何在？落花何在？胡姬何在？酒肆还在，可是人已逃散，酒坛散落无人收管。

皇帝呢？跑了。

他在龙武大将军陈玄礼护卫下，带领贵妃姊妹、皇子、皇妃、皇孙，以及宰辅大臣、宦官、宫人千余人秘密逃离长安。

一路四散奔逃的民众扶老携幼,哭声震天,如同洪流,向兵锋不到的南方漫卷。

逆着这股洪流而上的,有两个渺小的人。

李白带着宗氏女。

李白要向玄宗献上灭胡之计。

第二节
谈笑三军却

一路北行,急急忙忙。一路走,一路写诗:

苏武天山上,田横海岛边。
万重关塞断,何日是归年。

苏武被汉武帝派去出使匈奴,却被匈奴扣留,受尽折磨,坚贞不屈。匈奴人把他流放到西伯利亚的贝加尔湖一带去牧羊。

田横是齐国人,与从兄田儋、兄田荣一起反秦。后来,韩信破齐,田横自立为齐王,归附彭越。彭越归汉后,田横率宾客和部属五百人逃至海岛。刘邦威逼田横归汉,田横至洛阳附近三十里处自刎。

苏武后来归汉了,李白想,自己什么时候能够回到长安呢?月色茫茫下,他和妻子深一脚浅一脚地奔走,苏武和田横的气节,岂不是他的气节?

谈笑三军却,交游七贵疏。
仍留一只箭,未射鲁连书。

鲁连是战国时名士,多谋略,擅言辩。秦军围困赵国国都邯郸时,鲁连以利害说服赵、魏两国联合抗秦,秦国因此撤军。

二十余年后,燕军攻占齐国的聊城,齐国派田单收复聊城,久攻不下,死伤严重。鲁连写信一封,射入城中。燕将读后,忧虑、惧怕,拔剑自刎,于是齐军轻而易举地攻下聊城。事成之后,不受封赏,退而隐居。

这难道不是李白的志向吗?他自问有救国良策,希望为玄宗所用。

> 函谷如玉关,几时可生还。
> 洛川为易水,嵩岳是燕山。
> 俗变羌胡语,人多沙塞颜。
> 申包唯恸哭,七日鬓毛斑。

写作这首诗的时候,李白已经在函谷关内了。他在诗里说,他本想效法申包胥痛哭秦庭,劝说玄宗抗击叛军,可是函谷关以东尽为敌军据守,他不得不从华山经商洛大道转道江南。

此次靖难行动,失败了。

> 淼淼望湖水,青青芦叶齐。
> 归心落何处,日没大江西。
> 歇马傍春草,欲行远道迷。
> 谁忍子规鸟,连声向我啼。

湖水渺渺,芦叶青青,归心无处,日没江西。马走累了,放马吃草。吃饱了又能怎样呢?自己不知道要往哪儿跑。愁绪重重,越发不忍听子规鸟的啼声。

李白带着妻子一路逃亡,以诗为史,字里行间,战火熊熊:

> 中原走豺虎,烈火焚宗庙。
> 太白昼经天,颓阳掩余照。

> 旌旗缤纷两河道,战鼓惊山欲倾倒。
> 秦人半作燕地囚,胡马翻衔洛阳草。

> 洛阳三月飞胡沙,洛阳城中人怨嗟。
> 天津流水波赤血,白骨相撑如乱麻。

三种思想剧烈地撕扯着他!
一方面,他想修道:

> 无以墨绶苦,来求丹砂要。
> 华发长折腰,将贻陶公诮。

别用官职印绶苦累自身,追寻炉火炼丹的要诀吧!如此华发还为区区五斗米折腰,是会被陶渊明笑话的呀!
另一方面,他想避世:

> 丈夫相见且为乐,槌牛挝鼓会众宾。
> 我从此去钓东海,得鱼笑寄情相亲。

从此以后,我要去钓东海的大鱼,与宾朋一起纵情欢乐。
更重要的,他还是想要一展抱负:

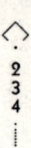

张良未逐赤松去，桥边黄石知我心。

一路走，一路看，一路想，一路写。
经溧阳时，他们遇到了草书书圣张旭，后在庐山屏风叠暂时隐居。

玄宗西逃，带着人马走到了兴平县马嵬驿。就在这里，随从的禁军不满奸党误国，砍杀杨国忠，并且逼着唐玄宗下令缢死杨贵妃。

君王掩面救不得，回看血泪相和流。

这时候的皇帝还是皇帝吗？
他只不过是为了自己苟且偷生，连自己的女人都护不住的懦夫！
太子李亨在马嵬坡为百姓所留，与玄宗分道，玄宗去蜀，太子北上至灵武。
至德元年（756）七月十二日，李亨在灵武即位，遥尊父亲玄宗为太上皇——儿子把老子赶下台了。
儿子终于把老子赶下台了。

叛军高层也发生了剧烈动荡。
至德二年（757），安禄山被他的儿子安庆绪所杀，安庆绪在洛阳自称皇帝。
唐肃宗李亨命郭子仪与李光弼等讨安史，先后于至德二年（757）六月和十月收复长安、洛阳两京，大败安庆绪。
安庆绪逃往邺城固守，临行时，将哥舒翰等三十余名被俘唐将全部杀害。
一代名将哥舒翰，死得憋屈。

第三节
入幕永王

永王李璘是玄宗李隆基的第十六子,是唐肃宗李亨的异母弟。他跟着玄宗一起逃亡,军队哗变后,玄宗失了权力,不甘心。当时高适已经当上了谏议大夫,官高位显。他劝玄宗不要多生事端,可是玄宗不听,执意分封诸子,让他们分领天下节度使——名义上是抗击叛军,实际上是削弱儿子李亨的权力。

李璘为山南东路、岭南、黔中、江南西道节度使,江陵郡大都督,坐镇江陵,相当于长江流域的战区总司令。

李白恰好就在这一带。

这天,李白夫妻住的茅庐里,来了一个人。

李白的友人,韦子春。天宝年间,韦子春任著作郎,后来被李林甫陷害贬官。李璘受命于玄宗,招兵买马,把韦子春招揽到了麾下。

李璘还想招揽更多的士子,韦子春想到了李白。韦子春此次前来,带来了永王的亲笔信和礼贤下士的邀请。

李白的人生达到了又一个高潮。

他入了永王幕下,这年,他五十六岁。

李白对韦子春是感激的:

徒为风尘苦，一官已白须。
气同万里合，访我来琼都。
披云睹青天，扪虱话良图。
留侯将绮里，出处未云殊。
终与安社稷，功成去五湖。

——《赠韦秘书子春·其二》

他以知交好友的口吻亲昵地笑说，韦兄啊，你在风尘里苦了这么些年，胡子都白了。你不远万里，来庐山访我，我们是风云际会。拂开眼前云雾，青天慢慢现出，咱们畅谈天下大事。留侯张良与商山四皓的绮里季，原本就是一家人，何分你我。等到社稷安定，咱们再泛舟五湖。

李白给自己规划的人生路线一直没有变过：先功定天下，再退隐江湖。

他最大的执念不是写出名动天下的诗篇，写诗对他来说就像吃饭喝水一样简单，他是天生的诗人。

他最大的执念是报国与功名。

所以，机会到来的时候，他不会躲闪。

临行时，他给好友贾少公写了一封信：

……唯当报国荐贤，持以自勉，斯言若谬，天实殛之。

在信里，李白说永王李璘仰慕他的才名，辟为幕府僚佐，"辟书三至""严期迫切"，李白愿意"扶力一行"。

但是，妻子不乐意。

乱世之中,夫妻相伴方是本义,三千家国,万里山河,抵得过你我平平安安、粗茶淡饭吗?这殚精竭虑、筹谋万千,抵得过摒却尘劳、擦拭道心吗?你不是心悦于我吗?你说了什么你都忘了吗?

"老婆你听我说呀……"

"我不听,我不听,我不听。"

不听怎么办?写诗啊:

　　王命三征去未还,
　　明朝离别出吴关。
　　白玉高楼看不见,
　　相思须上望夫山。
　　　　——《别内赴征·其一》

永王三次征我入幕,我明天早晨就要走了。如果想念我,那要登上高高的望夫山了。所以,不要不理我了,好不好?

怎么?还不高兴?好,再写:

　　出门妻子强牵衣,
　　问我西行几日归。
　　归时倘佩黄金印,
　　莫学苏秦不下机。
　　　　——《别内赴征·其二》

临出门,妻子拉着我的衣裳问:这次西去,什么时候才可以回家?我回答说：如果我回家的时候佩戴着宰相的黄金印章，你会不会认为我太庸俗而不理睬我？

——难得见李白这么哄媳妇，宗氏真是他的心头肉。

妻子睫毛上挂着泪，如桃花枝上将滴未滴的清露水。好吧，再给你写一首：

> 翡翠为楼金作梯，
> 谁人独宿倚门啼。
> 夜坐寒灯连晓月，
> 行行泪尽楚关西。
> ——《别内赴征·其三》

翡翠为楼，黄金作梯，谁将独自一人睡觉呢？你呀！谁将倚门望夫而哭泣呢？还是你呀！

越写越难过，泪都要下来了。不走行吗？一生的梦想，舍不得。

李白走了。

一脚踏进是非门。

永王四处招募，得士数万，建立了完备的执政班子。

玄宗一方面是让他和别的儿子分了李亨的权，另一方面是要他巩固后方。可是他居于深宫，不通事务，蓦然得权，飘了。

永王觉得与自己相比，灵武小朝廷实在是太寒碜了，又面临兵戈战火，指不定什么时候就被灭掉了。

既然这样，为什么不占领江左，自立为王？

——不，他已经是王了。他想要更高的地位。

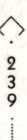

第四节
永王东巡歌

永王本来是被唐肃宗抱在膝上一口饭一口饭地喂养大的,没想争权,可是架不住他也是有儿子的人。他的儿子想争权。襄城王李偒(一作李场)属于胸大而无脑的人,就喜欢打仗。

除此之外,永王还有一群猪队友,薛镠、李台卿、韦子春、刘巨鳞、蔡駉(一作蔡坰)这些个谋士,个顶个地想跟着永王谋一个从龙的大富贵,都给他出主意——如今天下大乱,而我们既富有又平安,且有重兵在手,若是占了金陵,保有江东,那不就成了东晋那样的一方霸主了吗?

永王一听,在理儿。他把弓拉满了,箭在弦上,引舟东下,甲士五千,直趋广陵。

正在庐山隐居观望的李白就是在这个时候被李璘召为僚佐的。

李白并不知道李璘想干什么,只觉得自己跟了一个明主,如此强大,如此热情,如此真诚,如此——威风。

这一切都驱使他笔若游龙,一气写下了十一首《永王东巡歌》。

第一首夸永王出师不凡:

> 永王正月东出师,
> 天子遥分龙虎旗。

> 楼船一举风波静,
> 江汉翻为雁鹜池。

永王出师东巡,楼船所过之处,波涛汹涌的江水顿时变得风平浪静。
第二首显露壮志:

> 三川北虏乱如麻,
> 四海南奔似永嘉。
> 但用东山谢安石,
> 为君谈笑净胡沙。

北方战乱,百姓纷纷避难南方,就像晋朝的永嘉之难。永王若起用谢安石,定能在笑谈中"净胡沙"。
——李白这是在自比谢安石。
第三首写永王深孚民望:

> 雷鼓嘈嘈喧武昌,
> 云旗猎猎过寻阳。
> 秋毫不犯三吴悦,
> 春日遥看五色光。

永王大军所过之处秋毫无犯,三吴之地的百姓都踊跃欢迎他。
李白夸永王的兵力强盛:

> 王出三山按五湖,
> 楼船跨海次陪都。
> 战舰森森罗虎士,
> 征帆一一引龙驹。

战舰上满是骠骑战士。
将永王比作唐太宗:

> 祖龙浮海不成桥,
> 汉武寻阳空射蛟。
> 我王楼舰轻秦汉,
> 却似文皇欲渡辽。

李白要——

> 试借君王玉马鞭,
> 指挥戎虏坐琼筵。
> 南风一扫胡尘静,
> 西入长安到日边。

他请永王借他玉马鞭一用,他要为永王平定叛乱。

李白真没有什么政治敏感度。他是一个诗人,有着诗人的脾气。在他眼中,一切都如诗如画,如幻如梦。

看看他写的《在水军宴赠幕府诸侍御》吧:

  ……
  霜台降群彦,水国奉戎旃。
  绣服开宴语,天人借楼船。
  如登黄金台,遥谒紫霞仙。
  ……
  浮云在一决,誓欲清幽燕。
  愿与四座公,静谈金匮篇。
  齐心戴朝恩,不惜微躯捐。
  所冀旄头灭,功成追鲁连。

  他说,御史台来了好多的英才,在南方水国高举军旗。绣衣御史宴集在一起,杰出的永王借给楼船。大家好似登上黄金造的高台,遥遥地可以谒见紫霞中的仙人。……大家发誓扫清幽燕,感戴永王恩德,不惜献出性命。希望早日平定叛乱,我也好追随不愿做官的鲁仲连,功成身退。
  宴席上,大家吃呀,喝呀,笑呀,闹呀,回顾呀,展望呀,感恩呀,明志呀。

  还有《在水军宴韦司马楼船观妓》:

  摇曳帆在空,清流顺归风。
  诗因鼓吹发,酒为剑歌雄。
  对舞青楼妓,双鬟白玉童。
  行云且莫去,留醉楚王宫。

都开始召妓了呀。

这能成什么事!

浪漫的李白,想的是"指挥戎虏坐琼筵""南风一扫胡尘静"。挥挥手胡尘就静了?吹吹风胡尘就静了?吃吃饭、喝喝酒仗就打赢了?

路线呢?部署安排呢?人员安插呢?阴谋阳谋呢?他统统不管。

这么说吧,李白不适合建功立业。

他不适合当官,不适合从政,不适合人间事务。

他只适合喝他的酒,作他的诗,行他的万里路。

别的,都不成。

他是天生地长的诗人。

第五节
附逆

永王真的造反了。

他的大军攻破丹徒,杀太守阎敬之,江、淮为之大震。

高适、来瑱与韦陟会合于安陆,结盟誓师,讨伐李璘。

至德二年(757),李璘屯兵瓜洲,讨伐他的兵马列阵于长江以北。对方使用疑兵之计,让每个人拿两个火把,并通过江水倒影造成兵士数量巨大的效果。这可把永王的暗哨吓坏了,他们回去报给永王,永王也吓坏了,带着儿子和家眷坐船逃了。

朝廷步步紧追,永王的军队步步败退,他的儿子李偒被乱兵所杀,他则在中箭被俘后被皇甫侁斩杀。

李璘还没有兵败时,太上皇唐玄宗就发出诰文:

> 降李璘为庶人,谪迁于房陵。

明着是贬,其实是想保儿子一条命啊。

他还是被杀了。

现在陪在玄宗身边的,只有老奴高力士了。高力士也老了,两眼昏蒙,强打着精神,伺候着主人。

至于李白,在逃往庐山的途中被抓,投进了浔阳的监狱,罪名是"附逆"。这一年,李白五十七岁。

打,骂,推,搡,踢,踹,吼,喝,冷饭,馊菜,无尽的嘲辱,不绝的恐惧。

他无比想念自己的小妻子。

> 闻难知恸哭,行啼入府中。
> 多君同蔡琰,流泪请曹公。
> 知登吴章岭,昔与死无分。
> 崎岖行石道,外折入青云。
> 相见若悲叹,哀声那可闻。
> ——《在浔阳非所寄内》

他知道妻子一定会为了自己的遭遇痛哭不停,也一定会哭泣着为自己申冤。他也知道妻子会翻过吴章岭,吃尽苦头。若是二人能够相见,他怎么忍心听妻子的声声哀叹!

李白显然是希望妻子能够替他申诉,救他脱牢笼的,虽然他知道在乱世中,对于一个女人来说,这有多难。

宗氏为救夫,四处奔走;李白在狱中也是一封一封地写信。他向一个姓魏的郎中求救:

> 海水渤潏,人罹鲸鲵。
> 蓊胡沙而四塞,始滔天于燕齐。

何六龙之浩荡,迁白日于秦西。
九土星分,嗷嗷凄凄。
南冠君子,呼天而啼。
恋高堂而掩泣,泪血地而成泥。
狱户春而不草,独幽怨而沉迷。
兄九江兮弟三峡,悲羽化之难齐。
穆陵关北愁爱子,豫章天南隔老妻。
一门骨肉散百草,遇难不复相提携。
树榛拔桂,囚鸾宠鸡。
舜昔授禹,伯成耕犁。
德自此衰,吾将安栖。
好我者恤我,不好我者何忍临危而相挤。
子胥鸱夷,彭越醢醯。
自古豪烈,胡为此繄?
苍苍之天,高乎视低。
如其听卑,脱我牢狴。
傥辨美玉,君收白珪。

——《万愤词投魏郎中》

海水翻腾不止,活人喂了鲸鲵。
风沙弥漫四方,滔天的大祸起于燕齐。
皇帝的车驾如此浩荡,离了长安一路向西。
九州山河分崩离析,逃难百姓叫得惨凄。
我是南冠君子钟仪,在狱中哭天抢地。

思念父母掩面悲泣，血泪坠地化成湿泥。

春天已到，可狱中不长春草，我独自惆怅。

兄长在九江，贤弟在三峡，我想和他们聚首，可怜生不出翅羽。

穆陵关北的孩子让我发愁，南昌之南的老妻又与我别离。

一门骨肉四散随了百草，大难之中难以互相提携。

拔出桂树，栽上荆棘，鸾凤被囚，宠爱土鸡。

当年舜禅位于禹，伯成子高便回家耕犁。

德行自此衰退，我能到哪里栖息？

喜欢我的自然对我万般体恤，不喜我的，你们又为什么这样把我排挤？

伍子胥葬身鸱夷，彭越被剁成了肉泥。

自古豪杰英烈，怎么都是这个结局？

悠悠苍天哪，请您高高地下望尘世。

若能听到我卑微的呼救，赶紧把我救出牢狱。

如果能够辨识美玉，魏郎中啊，请您收了我这片白珪。

这个魏郎中是谁？史无记载。想来是李白觉得能帮上自己忙的人。结果魏郎中也没有搭理他。

其实，还有一个人，是李白的指望，他也真的求救过。

这个人就是高适，此时的淮南节度使。

节度使是地方军事长官，有着相当大的权力。

可是高适不但没搭理李白，还把信件烧了。

为什么不救？

不过是一起玩过几天，见过几面，作过几首诗，为什么要救？

还有人说，高适对李白是哀其不幸，怒其不争，觉得像他这样政治上的幼稚鬼，救他一回，他还会再犯浑，不如不救。

这是什么话！

生死攸关哪！

但是当官的，政治敏感度还是要有的，高适必须保证自己的政治方向正确。

第六节
有情有义的人，还是有的

永王谋逆案由御史台审理，御史台有一个御史中丞，叫宋若思。

他是宋之悌的儿子。

宋之悌是宋之问的弟弟。

宋之问是"岭外音书断，经冬复历春。近乡情更怯，不敢问来人"这首诗的作者。他死的时候，李白才十二岁；等到李白有了大名气，就和宋之问、王维、孟浩然、贺知章、陈子昂等人并称为"仙宗十友"了。

宋之问诗作得好，但人品差，心狠手黑。他的外甥刘希夷作过一首《代悲白头翁》：

洛阳城东桃李花，飞来飞去落谁家？
洛阳女儿惜颜色，坐见落花长叹息。
今年花落颜色改，明年花开复谁在？
已见松柏摧为薪，更闻桑田变成海。
古人无复洛城东，今人还对落花风。
年年岁岁花相似，岁岁年年人不同。
……

整首诗都是好的，尤其是"年年岁岁花相似，岁岁年年人不同"一句，浑然天成,看不出一点雕琢痕迹。

宋之问一咬牙,一狠心,罢罢罢!他灌醉外甥,用装土的麻袋活活把刘希夷压死了。然后他把《代悲白头翁》改成《有所思》,将"洛阳女儿惜颜色"改为"幽闺女儿惜颜色",变成了自己的诗。

他是想凭着诗作往上爬的人,所以会这么不择手段。他还给武则天的男宠提过尿壶,给武则天写过艳诗,还害他的好朋友张伸之全族被杀。

李白不认识宋之问,却很意外地结识了宋之悌。

宋之悌被判罪,垂暮之年远谪交趾(今越南河内),路过江夏,二人相遇。分别时,李白还作诗相赠:

> 楚水清若空,遥将碧海通。
> 人分千里外,兴在一杯中。
> 谷鸟吟晴日,江猿啸晚风。
> 平生不下泪,于此泣无穷。
> ——《江夏别宋之悌》

宋若思知道李白是父亲的朋友。李白能不能逃出生天,就看他怎么审、怎么写。

结果李白没死,出来了。

当初善因,如今善果。

搭救李白的,还有一个人,崔涣。

崔涣出身于博陵崔氏,也是高门府第,安史之乱时拜相,任黄门侍郎、同平章事;后奉命辅佐唐肃宗,又被授为江淮宣谕选补使,后来又当了宰相。

李白也给他写了两首求救诗，一首是《狱中上崔相涣》：

> 胡马渡洛水，血流征战场。
> 千门闭秋景，万姓危朝霜。
> 贤相燮元气，再欣海县康。
> 台庭有夔龙，列宿粲成行。
> 羽翼三元圣，发辉两太阳。
> 应念覆盆下，雪泣拜天光。

一首是《上崔相百忧章》：

> 共工赫怒，天维中摧。鲲鲸喷荡，扬涛起雷。
> 鱼龙陷人，成此祸胎。火焚昆山，玉石相磓。
> 仰希霖雨，洒宝炎煨。箭发石开，戈挥日回。
> 邹衍恸哭，燕霜飒来。微诚不感，犹絷夏台。
> 苍鹰搏攫，丹棘崔嵬。豪圣凋枯，王风伤哀。
> 斯文未丧，东岳岂颓。穆逃楚难，邹脱吴灾。
> 见机苦迟，二公所咍。骥不骤进，麟何来哉。
> 星离一门，草掷二孩。万愤结习，忧从中催。
> 金瑟玉壶，尽为愁媒。举酒太息，泣血盈杯。
> 台星再朗，天网重恢。屈法申恩，弃瑕取材。
> 冶长非罪，尼父无猜。覆盆倘举，应照寒灰。

李白在给崔涣的诗中剖白心迹，说明自己跟随永王不是为了作乱，而是为了平叛，希望崔相理解，希望崔相昭雪，希望崔相搭救。

李白是怎么搭上崔涣这条线的？这个不得而知。反正他的诗文打动了崔涣，于是在崔和宋的共同努力下，李白获释。

据说，救李白的还有一个人——郭子仪。他们于玄宗时期在太原相识，当时李白盛名在外，而郭子仪只是一个中下级军官，因事犯法，李白为其脱罪。如今郭子仪成了朝廷的股肱之臣，他报还了这份恩义。

李白写了一首诗题很长的诗——《中丞宋公以吴兵三千赴河南军次寻阳脱余之囚参谋幕府因赠之》：

> 独坐清天下，专征出海隅。九江皆渡虎，三郡尽还珠。
> 组练明秋浦，楼船入郢都。风高初选将，月满欲平胡。
> 杀气横千里，军声动九区。白猿惭剑术，黄石借兵符。
> 戎虏行当剪，鲸鲵立可诛。自怜非剧孟，何以佐良图。

李白在中丞宋公的帮助下脱了狱，而且还入了宋公的幕府。世道再险恶，人心再诡谲，有情有义的人，还是有的。

第七节
二次入狱

李白又不安分了。

他仍旧想着在仕途上一展长才。

宋若思也挺支持李白的想法,他说:"要不这样吧,你代我写一份表文,我替你递上去,请皇上御览,请他给你一个官当当。"

李白很高兴,就写了一篇《为宋中丞自荐表》。

> 臣某闻:天地闭而贤人隐,云雷屯而君子用。臣伏见前翰林供奉李白,年五十有七。天宝初,五府交辟,不求闻达,亦由子真谷口,名动京师。上皇闻而悦之,召入禁掖。既润色于鸿业,或间草于王言,雍容揄扬,特见褒赏。为贼臣诈诡,遂放归山。闲居制作,言盈数万。属逆胡暴乱,避地庐山,遇永王东巡胁行,中道奔走,却至彭泽。具已陈首。前后经宣慰大使崔涣及臣推复清雪,寻经奏闻。

他以宋中丞的口气,说那个我所推荐的叫李白的人呀,实在是无辜的。

> 臣闻古之诸侯进贤受上赏,蔽贤受明戮。若三适称美,必九锡先荣,垂之典谟,永以为训。臣所荐李白,实审无辜。怀经济之才,抗巢、由之节,文可以变风俗,学可以究天人,一命不沾,四海称屈。

伏唯陛下大明广运，至道无偏，收其稀世之英，以为清朝之宝。昔四皓遭高皇而不起，翼惠帝而方来。君臣离合，亦各有数，岂使此人名扬宇宙而枯槁当年？传曰：举逸人而天下归心。伏唯陛下，回太阳之高晖，流覆盆之下照，特请拜一京官，献可替否，以光朝列，则四海豪俊，引领知归。不胜凄凄之至，敢陈荐以闻。

他有经世致用之才，又有巢、由那样的气节。他的文才，可以使天下文风文俗为之一变；他的学问，可以穷究天人之际。他手上没有一条人命，他的遭遇让五湖四海的人都为他叫屈。所以我求陛下将这世间少有的英才收为己用，此举定会使四海之内的豪俊纷纷归顺。

——这么敏感的时期，李白是生怕自己在肃宗面前挂不上号吗？肃宗正因为被自己喂大的弟弟背叛了而伤心呢，他这附逆之人竟还为自己辩解？辩解还不算，还要求官？

李白还替宋若思写了一篇《为宋中丞请都金陵表》，建议迁都金陵。

当时，肃宗于灵武即位，号令举国团结一心，抗击安史叛军。这时候不想着收复长安，却想着迁都金陵，咋的，想跟安禄山的叛军划江而治呀？

李白吃亏在没有政治头脑，也没有政治嗅觉，更遑论政治手腕。他的诗商破表，政商为零。

结果，李白又进了大狱。

这次谁也救不了他了，他被判流放夜郎。

"列缺霹雳，丘峦崩摧。"

李白蒙了。

宗氏也蒙了。

这不都被放回来了吗？怎么又给抓进去了？

媳妇来探监,老头子眼神空洞,攀着栏杆,一句话都不说。

宗氏再怎么叫他,他都置若罔闻,只眼珠间或一转。

宗氏拼命在他面前摆手,他猛然回神,听见外面欢呼声阵阵,原来玄宗和肃宗父子俩要回长安了,普天同庆。

诗人的积习促使他抬起头来,索求笔砚,洋洋洒洒,又把十首诗写上了墙,名字就叫《上皇西巡南京歌十首》,首首颂圣。虽然我李白身在囚牢,仍旧欣喜和恭贺圣主还朝:

> 胡尘轻拂建章台,圣主西巡蜀道来。
> 剑壁门高五千尺,石为楼阁九天开。
>
> 九天开出一成都,万户千门入画图。
> 草树云山如锦绣,秦川得及此间无。
>
> 华阳春树号新丰,行入新都若旧宫。
> 柳色未饶秦地绿,花光不减上阳红。
>
> 谁道君王行路难,六龙西幸万人欢。
> 地转锦江成渭水,天回玉垒作长安。
>
> 万国同风共一时,锦江何谢曲江池。
> 石镜更明天上月,后宫亲得照蛾眉。

濯锦清江万里流，云帆龙舸下扬州。
北地虽夸上林苑，南京还有散花楼。

锦水东流绕锦城，星桥北挂象天星。
四海此中朝圣主，峨眉山下列仙庭。

秦开蜀道置金牛，汉水元通星汉流。
天子一行遗圣迹，锦城长作帝王州。

水绿天青不起尘，风光和暖胜三秦。
万国烟花随玉辇，西来添作锦江春。

剑阁重关蜀北门，上皇归马若云屯。
少帝长安开紫极，双悬日月照乾坤。

　　诗写得热情洋溢，读来总觉得有点不是滋味……战火一起，君王先跑，号称西巡，啧。

第八节
一杯浊酒三千里

这个时候，杜甫在干什么？

安史之乱爆发，潼关失守，玄宗西逃，太子即位，一系列眼花缭乱的花式动作，迷蒙了时人的眼。

这时杜甫已将家搬到鄜州羌村，他听说肃宗即位的消息后，便只身北上，投奔灵武。没想到走到半路，被叛军抓住，押到了长安。一同被俘的王维被严加看管，杜甫官小职微，没被关押。

至德二年（757），郭子仪的大军来到长安，杜甫冒险从城西金光门逃出，到凤翔投奔肃宗。

杜甫在唐肃宗仓促登基的时候力挺他，如今万里迢迢投奔，其心可鉴，其忠可嘉，所以唐肃宗直接封他为左拾遗，让他随时给自己提意见。

投奔肃宗的还有房琯，这是个只会空谈的花架子，受肃宗重用，被委以平叛重任。他是个文官，既不懂军事，又不会用人，结果大败而回——因为他的瞎指挥，葬送了无数生命。

唐肃宗这才意识到，无论他如何忌惮战功赫赫的郭子仪，要打仗，还得靠武将——最终收复长安的，就是郭子仪。

房琯不能打仗，杜甫是知道的，不过他和房琯私交甚好，房琯被罢官，杜甫冒死进谏，以国家社稷之名，力保房琯的相位。

这下把唐肃宗惹毛了！

杜甫一辈子也没当过什么大官，没学会和上司拐着弯说话，也不知道怀柔地处理事情，他的政商和李白差不多，都差到一定境界。杜甫从此再未得到重用，又一个在政坛昙花一现的诗人！

乾元元年（758），五十八岁的李白自浔阳出发，长流夜郎。这一年，杜甫已经被贬为华州司功参军。

李白真的老了，形容枯槁，满目萧然。

雄心壮志皆成灰。

他已经知道他的一个老朋友的下场。王昌龄已经于前一年路经亳州的时候，被亳州刺史闾丘晓杀害。他心里难过，想起天宝七年（748），王昌龄被贬为龙标尉，他还为王昌龄写过诗：

> 杨花落尽子规啼，
> 闻道龙标过五溪。
> 我寄愁心与明月，
> 随风直到夜郎西。
> ——《闻王昌龄左迁龙标遥有此寄》

如今，哪用得着愁心与明月相伴到夜郎西呢？他就要去了。

江水依旧，荷叶荷花依旧，时局却不再依旧。整个大唐，都不复往昔的安详。

路过江夏的时候，江夏太守韦良宰接待了他。他在韦太守那里住了俩月，继续上路。

到了汉阳,李白又遇到了故人尚书郎张谓,就是那个作《早梅诗》的张谓:

一树寒梅白玉条,迥临村路傍溪桥。
不知近水花先发,疑是经冬雪未销。

张谓于天宝二年(743)登进士第,他们大约是在那个时候认识的。他邀李白到他那里休息了一个多月。

在金陵,又有郑判官和当地的一些朋友留李白住了一阵子。

就这么走走停停的,入冬以后,到了三峡。李白愁颜不能开:

巫山夹青天,巴水流若兹。
巴水忽可尽,青天无到时。
三朝上黄牛,三暮行太迟。
三朝又三暮,不觉鬓成丝。
——《上三峡》

奔奔忙忙的,不知不觉间,头发都白了。

次年春,李白到了夔州的州治奉节,也就是古白帝城。再往前走,南下黔中道,即夜郎。

唉!

白帝城头,风飕飕。李白头发胡子乱蓬蓬,脑子里如同跑马,想起雄心壮志的青年时期,他出三峡,下长江,东游江陵,一掷千金。

大唐衰了,自己也老了。

他想喝杯酒。一杯浊酒三千里呀。

"走吧?"两个官差催他了。

李白双腿如铅沉。虽然一路上因为朋友资助,押送他的两个官差有钱拿,对他的态度不算特别坏,但是到了目的地后,他面临的就是劳动改造哇。

一辈子走南闯北,吟诗作文,他一个白发苍苍的老头儿哪里受得了体力劳动?

壮志未酬,夫妻剖玉,儿女迢遥,生死分两岸,从此隔阴阳。

他想过建功立业,想过白鹿山崖的隐居,唯独没有想过死。

第九节
千里江陵一日还

神奇的是,在这个节骨眼上,皇帝居然大赦天下了!

不用去夜郎了!不用劳动改造了!前罪一笔勾销,从此又是一条好汉了!

刚还愁肠百转,一下子又春风满面了。李白的心像一只被攥紧的气球猛地被放开,跳动剧烈,怦怦怦!怦怦怦!

回程中,人在小船上,心已经如箭一般嗖地往回飞了:

> 朝辞白帝彩云间,
> 千里江陵一日还。
> 两岸猿声啼不住,
> 轻舟已过万重山。
> ——《早发白帝城》

是船轻吗?是心轻了。

他要回江夏,投奔江夏太守韦良宰。他越想越欢喜,馋虫拱动,想喝酒了:

> 去岁左迁夜郎道,琉璃砚水长枯槁。
> 今年敕放巫山阳,蛟龙笔翰生辉光。
> 圣主还听子虚赋,相如却与论文章。

愿扫鹦鹉洲,与君醉百场。
啸起白云飞七泽,歌吟渌水动三湘。
莫惜连船沽美酒,千金一掷买春芳。

——《自汉阳病酒归,寄王明府》

这可真是一个酒鬼的理想和志向,他要与人喝醉一百场,他要一掷千金,卖船买酒,一艘不够,那就再卖一艘……

李白给尊敬的韦太守写了一首特别长的诗,一千多字,标题也长——《经乱离后天恩流夜郎忆旧游书怀赠江夏韦太守良宰》:

天上白玉京,十二楼五城。
仙人抚我顶,结发受长生。
误逐世间乐,颇穷理乱情。
九十六圣君,浮云挂空名。
天地赌一掷,未能忘战争。
试涉霸王略,将期轩冕荣。
时命乃大谬,弃之海上行。
学剑翻自哂,为文竟何成。
剑非万人敌,文窃四海声。
…………

这句特别好:"仙人抚我顶,结发受长生。"
他的两只脚在人间奔忙,一颗心在追逐长生。

回顾自己一生，历经磨难，但志气不减当年。他说他受仙人指引，下到人间，为了尽前缘而寻乐。人间的君王以天地为赌注，不停征战。自己下凡来学习霸王战略，希望一展抱负，却落得个四海漂泊的下场。虽然剑法不能敌万人，但文章在四海内却是无敌手……

他吹了吹自己，又开始夸朋友：

> 览君荆山作，江鲍堪动色。
> 清水出芙蓉，天然去雕饰。

他说韦良宰的大作是"清水出芙蓉，天然去雕饰"，他的诗才是真正的"清水出芙蓉，天然去雕饰"。

这是他的本事，他的才能。

是他的长板，也是他的短板。

他不可能用诗人的思维搞好政治，玩转官场。这两种属性不兼容，而他就在才能和愿望的矛盾冲突中，过了一辈子。

李白是个很矛盾的人，一方面他蔑视权宦富贵，一方面又热衷追逐功名；一方面他清高傲岸，一方面又摧眉折腰事权要；一方面优雅飘逸，一方面又争强好斗。

他嘴巴大，而且好说大话、空话和前后矛盾的话。

他说：

> 半夜水军来，浔阳满旌旃。
> 空名适自误，迫胁上楼船。

徒赐五百金，弃之若浮烟。

半夜三更的，永王的军队进驻浔阳。他们想利用我"学士"的名声来壮大自己，便威胁逼迫我入伙，还给了我五百两黄金，那钱被我像云烟一样扔掉了！

王维倒是真的受到过安禄山叛军的胁迫，还让他当伪政府的官，可是他在参加安禄山的狂欢宴会时，作了这样的诗篇：

万户伤心生野烟，百官何日再朝天。
秋槐落叶空宫里，凝碧池头奏管弦。

诗为心声，所以王维虽然担任过伪政府的官，但平叛后，还是得到肃宗的嘉许。

李白明明在李璘身边扬扬得意，这和他的诗自相矛盾，让人质疑。

总之，李白现在的名声臭臭的。他再怎么到处给人送诗，求人拉自己一把，也没人搭理他了，甚至人人皆曰可杀。

虽然韦太守待李白不错，还在李白待不下去要走的时候，送了他一根手杖当礼物，却没有再帮他谋前程。

只有杜甫待李白始终如一，特作诗《不见》：

不见李生久，佯狂真可哀。
世人皆欲杀，吾意独怜才。
敏捷诗千首，飘零酒一杯。
匡山读书处，头白好归来。

第九章 醒不了的春三月

第一节
吊祢衡

李白愁死了,跑去鹦鹉洲,凭吊祢衡。

祢衡是三国名士,狂得很。

当初曹操要招降刘表,贾诩建议他请一个名流文士做说客,于是,孔融推荐了祢衡。

曹操派人把祢衡叫来。

祢衡来了,行礼了,曹操让他站着。

祢衡仰天长叹:"天大地大,怎么一个人都没有呢!"

曹操说:"我手底下有好几十人,都是当世英雄,你瞎说的什么没人的话。"

祢衡笑了:"荀彧能给人吊丧问疾,荀攸能替你看坟守墓,程昱能给你当门官,关门闭户;郭嘉能给你说说词,念念赋;能派张辽击鼓鸣金;能派许褚牧牛放马;乐进能给你取状读诏;李典能给你当个传书送檄的邮差;吕虔凑合着给你磨磨刀,铸铸剑,满宠能跟在你身边喝点小酒,吃点酒糟;于禁能当长工使唤,搬砖筑墙;徐晃顶多是个屠户,屠猪杀狗;夏侯惇,嘿嘿,身体发肤受之父母,他连身体都不能保护好,给他个'完体将军'的称号吧,扎扎他的小心肝;曹子孝是哪门子福将,不过有俩臭钱,干脆叫他'要钱太守'。这些人好赖还算个人物,别人更是烂泥抹不上墙,就是些衣架、饭囊、酒桶、肉袋!"

曹操怒了:"你有什么本事?"

祢衡说:"我的本事可大了去了,天文地理,无一不通;三教九流,无所不晓;上可以辅佐你成为尧、舜;下可以和孔子、颜回匹敌。我的本事,怎么能和凡夫俗子相提并论?"

张辽气得拔剑要斩,曹操制止。杀了你,天下人得骂我曹操没有容人之量。我这儿别的位置都占满了,就缺个敲鼓的,早晚见君朝贺,饮宴享乐,你给我敲鼓去。

祢衡也不推辞,应声而去。

这天,曹操大宴宾客,让鼓吏出来敲鼓。祢衡的差事来了。

按照规定,鼓吏要换上新衣裳。祢衡不吃这一套,穿着旧衣就进来了,敲了一出《渔阳三挝》。好听得很,激昂慷慨,座中客人,感慨流涕。

曹操的侍从喝问:"怎么不换衣服!"

祢衡脱下又旧又破的衣裳,光着屁股站在大家面前。

曹操再也忍不住了:"庙堂之上,怎能如此无礼?"

祢衡反驳:"欺君冈上才是无礼,我不过是显露父母给的形骸,让大家看我的清白之躯。"

曹操眯着眼:"你是清白的,那,谁是污浊的?"

祢衡张嘴道:"你不识贤愚,是眼浊;不读诗书,是口浊;不纳忠言,是耳浊;不通古今,是身浊;不容诸侯,是腹浊;常怀篡逆,是心浊!我一天下名士,竟被你当成敲鼓的,你想成就王霸之业,就这么对待贤人吗?"

一边就座的孔融汗都下来了。

曹操派祢衡去往荆州做使者:"如能说动刘表来降,我封你做公卿。"

祢衡挣扎着不肯去,宁可去蹲监狱。曹操派人备马,两个随从架着他出门。同时令手下文武,在东门外备酒送行。

荀彧告诉大家:"如果祢衡来,谁都不许起身迎他。"

祢衡到后,看见文武官员排排坐,放声大哭。

荀彧发问:"为什么哭?"

祢衡说:"我走在一大片棺材板中间,怎么不哭?"

大家一听,气坏了:"好哇,我们是死尸,你就是一个没脑袋的狂鬼。"

祢衡说:"我是汉朝臣子,才不做曹阿瞒的党羽,怎么会没有头?"

大家拔刀的拔刀,抽剑的抽剑,没兵刃的想上手掐。

荀彧急忙制止:"他不过是一只老鼠麻雀,何必污了咱们的宝刀?"

祢衡:"我是老鼠麻雀,我还有人性;你们就是肉虫子!"

大家酒也不喝,菜也不吃了,恨骂连天,一哄而散。

祢衡见到刘表,说好话也像说赖话,明着夸,暗里讽,刘表特别讨厌他,就让他去江夏见黄祖——他也不肯杀祢衡。他知道曹操不杀祢衡是因为祢衡是名士,杀了失人心,所以想借他的手杀人。

黄祖一开始待祢衡挺不错,但是,时间一长,祢衡的老毛病就又犯了,开始目空一切,老子天下第一。黄祖请客,祢衡出言不逊;黄祖斥责祢衡,祢衡反骂他:"死老头!"黄祖生气要打,祢衡更是大骂。

黄祖气得要死,下令杀了他。黄祖的主簿一向恨祢衡,即刻杀了他,等黄祖酒醒,再后悔也晚了。

祢衡就像要糖吃的小孩,人家给他糖,他觉得糖不够大,味儿不够美;人家不给他糖,人家就是大坏蛋,该死,该天诛地灭。

结果最后把自己狂死了。

李白很欣赏祢衡,作了一首《望鹦鹉洲怀祢衡》:

魏帝营八极，蚁观一祢衡。
黄祖斗筲人，杀之受恶名。
吴江赋鹦鹉，落笔超群英。
锵锵振金玉，句句欲飞鸣。
鸷鹗啄孤凤，千春伤我情。
五岳起方寸，隐然讵可平。
才高竟何施，寡识冒天刑。
至今芳洲上，兰蕙不忍生。

　　他和祢衡一样，也狂，也不得志，也少情商和政商。也都想要糖吃，可是时代不给，奈何。

第二节
槌碎黄鹤楼,倒却鹦鹉洲

天马来出月支窟,背为虎文龙翼骨。
嘶青云,振绿发,兰筋权奇走灭没。
腾昆仑,历西极,四足无一蹶。
鸡鸣刷燕晡秣越,神行电迈蹑慌惚。
天马呼,飞龙趋,目明长庚臆双凫。
尾如流星首渴乌,口喷红光汗沟朱。
曾陪时龙蹑天衢,羁金络月照皇都。
逸气棱棱凌九区,白璧如山谁敢沽。
回头笑紫燕,但觉尔辈愚。
天马奔,恋君轩,駷跃惊矫浮云翻。
万里足踯躅,遥瞻阊阖门。
不逢寒风子,谁采逸景孙。
白云在青天,丘陵远崔嵬。
盐车上峻坂,倒行逆施畏日晚。
伯乐翦拂中道遗,少尽其力老弃之。
愿逢田子方,恻然为我悲。
虽有玉山禾,不能疗苦饥。
严霜五月凋桂枝,伏枥衔冤摧两眉。

请君赎献穆天子，犹堪弄影舞瑶池。
——《天马歌》

天马来自月支窟，有着如同老虎纹路的脊背、如同龙翼坚韧的骨。

长嘶震青云，绿鬘不停振，兰筋权奇，飞跑起来一闪便不见了踪影。

腾起迈昆仑，飞起越西极，四蹄踏踏，从不失足。

鸡鸣时它在燕地刷毛理鬘，晚间已在越地悠闲地吃着秣豆。它神行如电，让人恍惚。

天马呼啸，目如长庚，膀如双凫，尾如流星，首如渴乌，口喷红光，汗流如血。

它曾与宫中御马一道在天街驰骋，羁金络月，光照皇都。

它的豪迈逸气凌迈九州，哪怕白璧山积，谁又敢说可抵它的价值？

回头笑紫燕那样的名马，觉得它们实在愚蠢。

天马奔跑，顾恋君上的车驾，依然矫如游龙。

驰骋万里，足下徘徊，遥望天门，不能再进。

遇不到寒风子这样的识马者，谁还认得逸景这样的名马？

当年驾着穆天子的车驾，穿过白云，迈过丘陵。

如今拖着盐车爬高峻的山坡，车子倒行下滑，天色已晚拉不动。

只有伯乐才会为它悲叹，少壮时拼命，老来被扔。

多想遇到像田子方这样的仁人，他会对它充满悲哀和同情。

虽然昆仑玉山长着仙禾，却疗救不了落魄天马的苦饥。

五月的严霜使得桂枝凋零，天马伏在空槽前含冤低眉。

诸君哪，谁能把这匹可怜的天马赎出来呀？把它献给穆天子，让它还能在瑶池起舞。

这首诗的标题只是一个《天马歌》,并没有写是给谁的。

李白写了许多诗,到处分送,谁也没有办法给他一个前程;如今他写了这首想当天马的诗,竟然发现已无人可赠。

正郁闷的时候,南陵县令韦冰路过江夏,约了李白和另外几个好友,一起去赤壁游玩喝酒。

李白又喝多了,手之舞之,足之蹈之,歌之咏之,醉之狂之。

胡骄马惊沙尘起,胡雏饮马天津水。
君为张掖近酒泉,我窜三巴九千里。
天地再新法令宽,夜郎迁客带霜寒。
西忆故人不可见,东风吹梦到长安。
宁期此地忽相遇,惊喜茫如堕烟雾。
玉箫金管喧四筵,苦心不得申长句。
昨日绣衣倾绿尊,病如桃李竟何言。
昔骑天子大宛马,今乘款段诸侯门。
赖遇南平豁方寸,复兼夫子持清论。
有似山开万里云,四望青天解人闷。
人闷还心闷,苦辛长苦辛。
愁来饮酒二千石,寒灰重暖生阳春。
山公醉后能骑马,别是风流贤主人。
头陀云月多僧气,山水何曾称人意。
不然鸣筂按鼓戏沧流,呼取江南女儿歌棹讴。
我且为君槌碎黄鹤楼,君亦为吾倒却鹦鹉洲。

赤壁争雄如梦里,且须歌舞宽离忧。
——《江夏赠韦南陵冰》

基调灰暗狂乱,有如李白心中刮起的阵阵连天连地的灰旋风,苦闷是真实的苦闷,疯是真实的疯。李白快疯了。

报国抱负,总是不成,总是不成。老了老了,喝高了,还有这么一股子疯劲,恨天恨地,恨不能把这个世界捅个窟窿。要把黄鹤楼一拳拳地捶碎,要把鹦鹉洲翻过来。推翻重建的世界,是不是就能公正祥和?

没有人能回答他这个问题,他一辈子都在做梦,到老了仍旧在做梦。

可是这又有什么可笑的呢?三国赤壁争雄,不也是一场大梦?既然知道世界是一场大梦,人间几度秋凉,不如唱歌吧,起舞吧,喝酒吧!

他在船上这么一闹腾,吓得别人赶紧抱住他的腰——你再折腾,就轮到我们进龙宫,一梦不醒了。

第三节
梦李白

此时，叛乱尚未彻底平息，叛军仍在左突右进。朝廷内部争斗激烈，政令不出自一门。虽重兵在握，但包括郭子仪、李光弼在内的九位节度使却进退失据——到底听谁的？结果堂堂朝廷大军二十万，竟至溃败。

史思明气焰复炽，乾元二年（759）正月，又自立为大燕皇帝。

宗氏还在豫章，李白想回去和妻子团聚，但是襄州不安全，守将作乱，破荆州，道路阻断，他眼下是回不去了。没办法，只好出游三湘。

想起来就愁，愁死了。

李白这个仙人都愁，杜甫那样忧国忧民的圣人更愁。

杜甫于乾元元年（758）底暂离华州，到洛阳、偃师探亲。第二年三月，唐军与叛军的邺城之战爆发，唐军大败。

杜甫的"三吏"和"三别"就是在此时创作的。太虐了，百姓苦。

乾元二年（759）夏天，华州及关中大旱，杜甫写下《夏日叹》和《夏夜叹》，忧时伤乱，叹的还是国难民苦。

立秋后，因时政污浊，杜甫辞官，西去秦州。后来几经辗转，到了成都，在城西浣花溪畔，建成草堂一座，凑合住着。后被严武荐为节度参谋，全家寄居在四川奉节县。

他和李白，一个诗仙，一个诗圣，乱世流离，至死未再见。

于此国家不安、朝局动荡之际，像李白、杜甫这样境遇的人很多。比如曾经的中书舍人贾至，因为起草"制置"之诏，被流放；曾经的刑部侍郎李晔，因为朝争落败，被贬谪。贾至是李白的故交，李晔是李白的本家叔叔，因缘际会下，三人于洞庭西南相遇。

流泪眼对流泪眼，失意人逢失意人，何以解忧，唯有杜康。

三人同游洞庭湖，不是心无挂碍、轻松自在，是一种强行的遗忘，生活虽然有诗和远方，但诗里是穷愁，远方已经无路可走。

巧的是，贾至与李白在一起的时候，接到了杜甫的来信，信中居然还附有《梦李白二首》：

> 死别已吞声，生别常恻恻。
> 江南瘴疠地，逐客无消息。
> 故人入我梦，明我长相忆。
> 恐非平生魂，路远不可测。
> 魂来枫林青，魂返关塞黑。
> 君今在罗网，何以有羽翼。
> 落月满屋梁，犹疑照颜色。
> 水深波浪阔，无使蛟龙得。
> ——《梦李白二首·其一》

死别已经让人哭不出声，生离更是常常让人悲伤。

江南山泽遍地瘴疠，被贬谪的人没有消息。

老友你入了我的梦，大概是知道我常常想你。

你不会是魂魄吧？路这么远，你的生死我实在无法估计。

我眼前的月光遍洒屋梁，想它或许也能照见你的脸。

水那么深，波那么阔，要小心哪，不要掉进去，让蛟龙吃掉。

——诗写得早，信到得迟，杜甫尚不知道李白已经遇赦，还在替他提着一千斤的胆，担着一万斤的心。

  浮云终日行，游子久不至。
  三夜频梦君，情亲见君意。
  告归常局促，苦道来不易。
  江湖多风波，舟楫恐失坠。
  出门搔白首，若负平生志。
  冠盖满京华，斯人独憔悴。
  孰云网恢恢，将老身反累。
  千秋万岁名，寂寞身后事。
    ——《梦李白二首·其二》

浮云整天飘飞，游子总是不归。

我天天梦见你，我对你情亲，你对我意厚。

分别时你总是匆匆，诉说着前来的不易。

江湖多风波，我好担心你的船会沉没。

出门时搔着白发，好像辜负了平生之志。

高官显贵填满京城，只有你独自憔悴。

谁说的天网恢恢，你都老了，反而受到牵累。

名声流传千秋万岁，说到底还是身后寂寞。

——他们都生于盛世，都终于离乱，都见过朝堂污秽，都经过生离死别。李白活得促迫、狼狈、忙乱，顾不着想这个小兄弟，这个小兄弟却梦里都在想着他。

李白最后一次大醉游湖，是陪着李晔去的，酒后挥毫，又写了三首五绝——《陪侍郎叔游洞庭醉后三首》，其中一首是这样写的：

划却君山好，平铺湘水流。
巴陵无限酒，醉杀洞庭秋。

狂态不改，潇洒意态不改，李白老了，他的诗没有老，心也没有老。

李白就是一个飘零人，这儿待几天，那儿待几天，不能总待在一个地方，会招人烦。这是人之常情。

李白行至洞庭湖畔的湘阴，得知故友崔成甫已经去世，心头哀痛，特为崔成甫的遗稿《泽畔吟》作序：

……观其逸气顿挫，英风激扬，横波遗流，腾薄万古。至于微而彰，婉而丽，悲不自我，兴成他人，岂不云怨者之流乎？余览之怆然，掩卷挥涕，为之序云。

不知他是悲崔公，还是悲自己。

第四节

庆团圆，又分别

直到第二年春天，荆州之乱平定后，李白才返回江夏，后与在豫章寄居的妻子团聚。宗氏一见李白，泪就下来了，我的相公，怎么老成这样了！

苍颜白发，步履蹒跚，眼神哀伤，如风中枯竹，雾满拦江。

——他六十岁了。

眼瞅着六十大寿已至，一家人做了几样菜，摆上一坛酒，勉力为他过了一个生日。

生日难过也易过，好歹就一天。生日过后的日子呢？总不能也在妻舅家里吃白饭吧？

所以，李白再次出门。

他先是出游鄱阳，后又到鄱阳湖东的建昌县投奔县令。人家留他多住了几日，给的钱也够拿回来和妻子、妻舅过一个好年了。

过了年，妻子也不好意思再在弟弟家里吃白饭了，但是跟着丈夫，丈夫也没办法养活自己。

夫妻俩只好各寻出路。千金买壁，抵不过油盐柴米。

李白亲自送妻子去了庐山，她去找李腾空修道了。

李白给妻子温柔地作了一首诗：

君寻腾空子，应到碧山家。

水舂云母碓，风扫石楠花。
若爱幽居好，相邀弄紫霞。
——《送内寻庐山女道士李腾空二首·其一》

我妻，你要寻找李腾空，那就到碧绿山中的道观去吧。
那里水碓舂捣着云母，风儿吹动着石楠花。
你若留恋深山幽居的美好，不妨住下。

他又给李腾空写了一首诗，是赞她，也是巴结她，因为他要把妻子托付给她：

多君相门女，学道爱神仙。
素手掬青霭，罗衣曳紫烟。
一往屏风叠，乘鸾著玉鞭。
——《送内寻庐山女道士李腾空二首·其二》

李白孑然一身，去了金陵。

李白一生四到金陵，足迹遍布钟山、凤凰台、冶城、白鹭洲、长干里……走到哪儿，喝到哪儿。

想当初，他意气风发，名动天下，请他赴宴喝酒的人络绎不绝；如今他是一个遇赦而回的刑徒，世人皆曰可杀。

当初人家请他喝酒，如今人家"叫"他喝酒，给俩润笔费，写写诗，作作文。

一个叫王忠臣的人升了官,李白忝陪末座,赠诗一首:

六代帝王国,三吴佳丽城。
贤人当重寄,天子借高名。
巨海一边静,长江万里清。
应须救赵策,未肯弃侯嬴。
——《赠升州王使君忠臣》

他把王忠臣好一通夸,说什么天子都要借他的高名,说有他在,万里长江水都一片澄清。这是意有所指的,因为这里刚发生一场叛乱。

有一个叫刘展的人,在安史之乱中因为平叛暴贵,官封宋州刺史,充淮西节度副使。他的上司淮西节度使是王仲升。上司和下属不和,上司想要在调他去别处赴任的途中暗杀他。

结果刘展知道自己大难临头,真的反了。

估计这个王忠臣也是因为要参加平叛,所以升了官,于是李白玩命地夸他:

贤人当重寄,天子借高名。
巨海一边静,长江万里清。

不过,他又说,侯嬴是战国时魏国隐士,都七十岁了,一个穷老头子,却被信陵君引为门客,向信陵君献计,解了邯郸之围。这说明又老又穷的人,也有大胸怀、大志气。您如果想当海纳百川的信陵君,想要建功立业,不要放弃像侯嬴这样的人哪。

那意思是，想成大功业，要用我呀，我有用。

要不要这么卑微？

你是李白呀，你不要面子的呀？

可是李白已经不要面子了。

廉颇老矣，尚能饭否？如果有人这样问他，他一定会答：能！一定能！必须能！

可是有人这样问他吗？没有。

他大声念着诗，旁人随意地举杯谈笑，声浪淹没了他的声音。诗念完，他习惯性地环顾。以前他念诗的时候，为表敬重，别人都停杯止语，一诗诵罢，鼓掌称赞；如今，他读没读完都没人知道。

也没人关心。

浙江节度副使李藏用负责平叛，准备从杭州移军扬州。路过金陵的时候，金陵的达官贵人摆宴为他饯行。

既是饯行，也是壮行，李白忝陪末座，酒过三巡，文不加点，一挥而就，一篇《饯副大使李藏用移军广陵序》成了。

李白展纸朗诵，通篇都在夸，夸得李藏用相当受用：

> 我副使李公，勇冠三军，众无一旅。横倚天之剑，挥驻日之戈。吟啸四顾，熊罴雨集。蒙轮扛鼎之士，杖干将而星罗。上可以决天云，下可以决地维……

同时又替李藏用鸣不平：

功大用小,天高路退。社稷虽定于刘章,封侯未施于李广。使慷慨之士,长吁青云。且移军广陵,恭揖后命。

最后说:

白也笔已老矣,序何能为?

我老了呀,写这篇序能顶什么事,真正能够顶大事的,还是咱李副使!

第五节
枉杀落花空自春

序写得好,李藏用很高兴。李白恍惚觉得自己尚未老,还能披甲上马,挥戈上阵。醉眼之下,普天之中,谁与争雄。

事实却是,他不过是混了一顿酒饭,得了俩小钱以作润笔之资。

他还以为能再入幕府呢,做昂藏丈夫,指点江山,激扬文字,粪土当年万户侯。

可是他衣履敝旧,剑鞘已斑驳,剑刃又有多久没有擦拭了?

这天,李白百无聊赖地走在大街上,遇见了他的堂外甥高镇。

异地他乡遇亲人,李白高兴。他拉着高镇去酒馆,知道自己囊无余钱,把剑啪地一拍:"拿酒来!"

马上相逢揖马鞭,客中相见客中怜。
欲邀击筑悲歌饮,正值倾家无酒钱。
江东风光不借人,枉杀落花空自春。
黄金逐手快意尽,昨日破产今朝贫。
丈夫何事空啸傲,不如烧却头上巾。
君为进士不得进,我被秋霜生旅鬓。
时清不及英豪人,三尺童儿重廉蔺。

> 匣中盘剑装鲭鱼，闲在腰间未用渠。
> 且将换酒与君醉，醉归托宿吴专诸。
> ——《醉后赠从甥高镇》

我们哪，马上相逢，客中相见。
想请你喝两杯吧，兜里又没钱。
江东风光再好，也不是我的；春天再美，也与我无关。
身为男子汉大丈夫，一事无成，只能空发一钱不值的议论。
头上这顶儒士巾有什么用，不如烧了算了。
我的宝剑成天闲挂在腰间，也没机会用。
干脆换成酒来，你我不醉不归。
最痛快的就是那一刻的"仰天大笑出门去，我辈岂是蓬蒿人"。做了长长的梦，梦醒后，蟏蛸满室，蓬蒿丛生。

也不知道怎么回事，国家可不安宁了，不是这儿反，就是那儿乱。
上元二年（761），安史之乱仍未平定，兵马大元帅李光弼率百万大军"出镇临淮"，东征史朝义。李白一腔热血，再次激动，八月间，骑一匹老马，投军李光弼。结果，半路病倒。
他都忘了自己已经是个年逾花甲的老人。

> 秦出天下兵，蹴踏燕赵倾。
> 黄河饮马竭，赤羽连天明。
> 太尉杖旄钺，云旗绕彭城。
> 三军受号令，千里肃雷霆。

函谷绝飞鸟,武关拥连营。
意在斩巨鳌,何论鲙长鲸。
恨无左车略,多愧鲁连生。
拂剑照严霜,雕戈鬘胡缨。
愿雪会稽耻,将期报恩荣。
半道谢病还,无因东南征。
亚夫未见顾,剧孟阻先行。
天夺壮士心,长吁别吴京。
金陵遇太守,倒屣相逢迎。
群公咸祖饯,四座罗朝英。
初发临沧观,醉栖征虏亭。
旧国见秋月,长江流寒声。
帝车信回转,河汉复纵横。
孤凤向西海,飞鸿辞北溟。
因之出寥廓,挥手谢公卿。

——《闻李太尉大举秦兵百万出征东南懦夫请缨冀申一割之用半道病还留别金陵崔侍御十九韵》

诗里说,长安遣出天下精兵,马蹄踏踏,燕赵为之覆倾。战马喝光了黄河水,赤羽把天映得光明。太尉执持领军旄钺,如云的旗帜环绕彭城。函谷关口不再有鸟儿飞过,武关之地驻扎着成片的军营。这是打算斩除巨鳌,更何况弱小的鲙与鲸。

只恨我没有左车的谋略,更愧于没有鲁连的才能。把宝剑擦得能够照见寒霜,执戈的武士装饰着胡缨。希望洗雪会稽之耻,希望为国报恩。走到半道因病而回,再没有办法随军远征。没得亚夫的器重,想像剧孟一样建功却无法前行。老天爷夺去了我的壮士之心,我长叹一声别了金陵。

我在金陵遇到了太守,太守对我倒屣相迎。诸公都置酒为我饯行,四座集中了朝中的群英。我从临沧观出发,喝醉了又歇在征虏亭。到金陵看见了秋月,听见了长江流水的寒声。北斗之星果真回转,重又看见天上银河纵横。孤凤飞向西海,飞鸿辞别北溟。我欲随它飞出寥廓天际,诸公啊,我们挥手作别,大家切勿再送。

——诗是写得极好,人情是冷是暖就不知道了。他也不知道自己拖着这个病身子,能到哪儿去。

已经和宗夫人分开,怎么也不好再麻烦宗璟。又不能到东鲁,那里是叛军统治的地区。

他的老家西蜀,他多少年没回去了,路途遥远,他也走不过去。再说了,那里有段子璋在作乱——上元二年(761)四月,东川节度使李奂奏请撤换剑南节度使段子璋,搞得段子璋举兵报复,袭奂于绵州,拉开了三川节度使造反的序幕。

第六节
石门流水遍桃花

宝应元年（762），李白六十二岁了。

这年四月，肃宗病危。

张皇后和宦官李辅国本来是互相利用、彼此扶持的关系，结果生了嫌隙：张皇后想杀李辅国，废太子李豫，立自己的儿子；李辅国就假传太子命令，发动政变。

张皇后躲在肃宗床边，哀求肃宗救命，结果被李辅国拖出宫杀掉了。

肃宗受惊，病情急转直下，当天就死在长生殿。

在李辅国主持下，太子李豫在两仪殿肃宗的梓宫前即位。李辅国拥立有功，被尊为"尚父"。

肃宗病死的时候，玄宗已经驾崩。

在此之前，玄宗受李辅国的压迫也够够的了。

玄宗由成都返回长安，居兴庆宫（南内），称太上皇，不再过问政事，侍候他的仍是龙武大将军陈玄礼与内侍监高力士，玉真公主也陪着他。

玄宗思念玉环，派人祭悼，后来想改葬，却遭李辅国反对。

上元元年（760），李辅国上奏肃宗，说太上皇住在兴庆宫，天天和外人打交道，陈玄礼和高力士都想对肃宗不利——向儿子告他爹的状，这个宦官有本事。

七月里，趁着肃宗患病，李辅国矫诏，强行把玄宗迁居西内。途经夹城时，李辅国又率射生将五百骑，拦住去路。玄宗已是暮年老人，吓得几乎坠马，幸亏高力士护着，才得以安全迁居甘露殿。

事后，肃宗不但没怪李辅国，还安慰了他几句。

这事没几天，玄宗有限的几个亲信也遭了清洗：

高力士以"潜通逆党"的罪名，被流放巫州。

陈玄礼被勒令致仕。

玉真公主也被赶进了玉真观。

只剩下玄宗只身一人，茕茕孑处，形影相吊，好不悲哀。

自李辅国始，唐王朝开始了宦官专权的时代。

这些与李白没什么关系，他操心的是投奔谁。他病了，又无家可归。

李白想起了一个人——李阳冰。

李阳冰是书法家，上元二年（761），在当涂任县令。

于是，李白来到当涂。也不知道怎么论的，李阳冰成了李白的本家叔叔。

李白不好意思说自己是来投奔李阳冰的，只说来拜访他。李阳冰也礼貌性地招待了他，他也不好意思说要留下，便请辞。李阳冰送李白上船，李白说，我给你作了首诗，请你斧正。

李阳冰接过《献从叔当涂宰阳冰》，一目十行。

> 吾家有季父，杰出圣代英。
> 虽无三台位，不借四豪名。
> 激昂风云气，终协龙虎精。
> 弱冠燕赵来，贤彦多逢迎。

鲁连擅谈笑，季布折公卿。

这是在赞扬李阳冰的才华，说他从小就受乡贤器重和赏识，许多名士都愿意与他交往。

宰邑艰难时，浮云空古城。
居人若薙草，扫地无纤茎。
惠泽及飞走，农夫尽归耕。
广汉水万里，长流玉琴声。
雅颂播吴越，还如泰阶平。

接着颂扬李阳冰在当涂的政绩：安史之乱时临危受命，治理有方，惠泽遍施，政绩卓著。

小子别金陵，来时白下亭。
群凤怜客鸟，差池相哀鸣。
各拔五色毛，意重泰山轻。
赠微所费广，斗水浇长鲸。
弹剑歌苦寒，严风起前楹。
月衔天门晓，霜落牛渚清。
长叹即归路，临川空屏营。

最后，他终于说到了自己的艰难处境：我从金陵来，群凤怜惜我这只作客的小鸟，都拔毛周济我，情意重于泰山。但是，这些周济仍旧不能维持我的生活。我能怎么办呢？我还是回去吧。

李阳冰一看，这是来投靠我了呀，快别走了，留下留下，住我这儿。

李白终于有了一个容身之地。

寓居当涂期间，李白的心情是相当放松的，病情也逐渐好转，能参加参加聚会，和李阳冰高歌纵谈了。

李阳冰的书法是真的好，据说颜真卿书碑时，"必得阳冰题其额，欲以擅连璧之美，盖其篆法妙天下如此"。颜、李二人珠联璧合，时人称为"二绝"。

李白写诗歌颂李阳冰和他的书法：

高歌振林木，大笑喧雷霆。
落笔洒篆文，崩云使人惊。

安史之乱后期，当涂境内十室九空、田园荒芜，在李阳冰的治理下，倒有了政通人和的好气象，所以李白毫不吝惜地写诗夸赞：

石门流水遍桃花，我亦曾到秦人家。
不知何处得鸡豕，就中仍见繁桑麻。

第七节
黄花笑逐臣

其实,这时李阳冰已经"临当挂冠",就是要离职了。但是他人真的好,待李白很真诚,想尽办法安顿这个老侄子。

据后人考证,李阳冰很可能把李白安顿在了当涂的龙山。此山位于当涂城南青山河畔,钟灵毓秀,距城十里,舟行往来,交通便捷。

李白的病好好坏坏,生命力就像烛火,一点一点地暗下去。他得了"腐胁疾"。

晚唐诗人皮日休有一首《七爱诗·李翰林》:

....
竟遭腐胁疾,醉魄归八极。
大鹏不可笼,大椿不可植。
蓬壶不可见,姑射不可识。
五岳为辞锋,四溟作胸臆。
惜哉千万年,此俊不可得。

所谓的腐胁疾,现代医学认为就是脓胸穿孔症。
还有人认为李白是瞎吃保健药吃坏了。

唐朝用来保健的"大药",不仅他吃,皇帝也吃。

这种"大药"有好多种,比如用猪牙和十一月采的皂荚,烧炼取灰霜制成的"荚天生牙";还有收集童男童女吃下盐、硇砂后排出的大小便,并进行烧淋取霜制成的"铅汞"。

高宗李治就是因为吃了过量的"大还丹"导致急性中毒死掉的。

这个时候,李阳冰也许已经把李白的儿子伯禽接来与他团聚了,反正李白去世后,伯禽是在当涂安家定居的。伯禽有一子两女,儿子年轻时出游,不知所踪;两个女儿嫁给了当地农民。

元和十二年(817),唐宣歙观察使范传正为李白迁墓(从当涂龙山迁到青山),曾找过这两个女子,她们上交了父亲李伯禽手书的信札,上载李白家世渊源,虽有缺失,但十分珍贵。

两个女子说:"我们的父亲伯禽病逝于贞元八年(792),死前无有官府身份。我们有一位兄长,外出后一直杳无音信。父亲在世时只是士人身份,他死后,我们就变成了平民。虽说我们有一位兄长,但他未能给予我们任何庇护,我们又变为普天下的穷苦人。我们并非不懂得纺织,但没有桑园来养蚕;并非不晓得种田自给,但没有田地让我们耕作。我们姐妹嫁人从夫,只是为了活命而已。这样的凄凉惨景,我们不愿意禀告给县老爷,就怕辱没了爷爷李白的声名。于今被当地官家'押送'来府,只得忍辱负重,坦诚禀报。"

听罢此言,范大人也不禁伤心落泪,悲悯之情油然而生。他决定利用职权,让这两个女子改嫁给有较高身份的士族,但李白孙女的回答使得范传正不敢夺其心志:"既然已在无奈之时做了草民,今若仰仗权势,迫嫁强婚,虽活得滋润多了,但死之后就没有脸面去见爷爷李白了!"

范传正只好免了她们的徭役。

李阳冰很有可能是在李白活着的时候，把他的儿子接来了。所以李白身体好些，去游山回来，才会作这样的诗：

> 沦老卧江海，再欢天地清。
> 病闲久寂寞，岁物徒芬荣。
> 借君西池游，聊以散我情。
> 扫雪松下去，扪萝石道行。
> 谢公池塘上，春草飒已生。
> 花枝拂人来，山鸟向我鸣。
> 田家有美酒，落日与之倾。
> 醉罢弄归月，遥欣稚子迎。
> ——《游谢氏山亭》

他还在喝酒呢，远远地看见幼子在前迎接自己，心里很高兴。

这里的"稚子"，可能指孙子孙女，也可能指他的儿子。儿子都几十岁了，但是在李白看来，还是当年那个牵着自己衣襟问自己去了长安，什么时候会回来的小孩。

宝应元年（762）的九九重阳节，李白的身体好了一点，心情也好了起来。他又喝了一顿酒，聚了一次会，作了一首诗。不过诗很短，他没有精力再作很长的诗了。

> 九日龙山饮，黄花笑逐臣。

醉看风落帽，舞爱月留人。

——《九日龙山饮》

又是九九重阳节，我来龙山饮酒，连黄菊花都笑我这个被放逐之人。笑，让它笑，我歌我舞，风吹帽落，月亮都舍不得我离开！

腔调是轻快的，觉得风也是好的，月亮也是好的，整个世界都是好的。

第八节
仲尼亡兮谁为出涕

李白的身体越来越不好了。到了冬天,病重难起。

夜来风声静谧,月色昏黄,一室灯火。李白躺在病榻上,气喘吁吁,却谈兴颇浓。

李阳冰坐在对面,静静地听。

时光倏尔远退,李白仿佛又成了那个顾盼自雄的壮年,仰天大笑出门去,意气昂昂见玄宗。

时光再退,他仿佛又成了那个意气风发的少年郎,怀揣三十万金,金陵交友,胡姬压酒,欢歌宴饮,达旦连明。

时光再退,他仿佛又成了总角稚子,偎在爹娘身边,细听父亲讲述家族身世,讲那遥远的先人,他们辗转迁徙,一路走一路把流浪的血脉复刻到自己的身上。母亲就静静地坐在旁边带笑听,一边还拿着针线,给两兄妹缝衣裳。

他想爹,想娘。

可是他已经提不动笔,写不动诗行了。江湖奔波数十载,一心只想向前飞,爹娘都已经成了人间枯骨梦中魂。

两行浊泪缓缓流下。李白颤抖着双手,示意儿子把堆在床头的文稿和诗稿一并取出,赠予阳冰:"从叔,我这病好不了了。一生蹉跎,未有功业,只有这些诗文,请您帮我作序,若能保存,当然是好;若是不能,也便算了……"

他咳得说不下去,躺回床榻,疲惫地喘气。

李阳冰应下了，用他精美的书法把这些诗作重新抄录了一遍，最后编成《草堂集》二十卷，并为之作序：

> 李白，字太白，陇西成纪人，凉武昭王暠九世孙。蝉联珪组，世为显著。中叶非罪，谪居条支，易姓为名，然自穷蝉至舜，七世为庶，累世不大曜，亦可叹焉。神龙之始，逃归于蜀，复指李树而生伯阳。惊姜之夕，长庚入梦，故生而名白，以太白字之。世称太白之精得之矣。
>
> 不读非圣之书，耻为郑、卫之作，故其言多似天仙之辞。凡所著称，言多讽兴。自三代已来，风骚之后，驰驱屈、宋，鞭挞扬、马，千载独步，唯公一人。故王公趋风，列岳结轨；群贤翕习，如鸟归凤。卢黄门云：陈拾遗横制颓波，天下质文翕然一变，至今朝诗体，尚有梁、陈宫掖之风。至公大变，扫地并尽；今古文集，遏而不行。唯公文章，横被六合，可谓力敌造化欤。
>
> 天宝中，皇祖下诏，征就金马，降辇步迎如见绮、皓。以七宝床赐食，御手调羹以饭之，谓曰：卿是布衣，名为朕知，非素蓄道义何以及此？置于金銮殿，出入翰林中，问以国政，潜草诏诰，人无知者。丑正同列，害能成谤，格言不入，帝用疏之。公乃浪迹纵酒，以自昏秽。咏歌之际，屡称东山。又与贺知章、崔宗之等自为八仙之游，谓公谪仙人，朝列赋谪仙之歌，凡数百首，多言公之不得意。天子知其不可留，乃赐金归之。遂就从祖陈留采访大使彦，请北海高天师授道箓于齐州紫极宫。将东归蓬莱，仍羽人驾丹丘耳。
>
> 阳冰试弦歌于当涂，心非所好，公遐不弃我，扁舟而相欢。临当

挂冠，公又疾殛。草稿万卷，手集未修。枕上授简，俾余为序。论《郑雎》之义，始愧卜商；明《春秋》之辞，终惭杜预。自中原有事，公避地八年；当时著述，十丧其九，今所存者，皆得之他人焉。时宝应元年十一月乙酉也。

——《草堂集序》

就当时来说，李白只是一个落魄的糟老头子，一辈子只会吹大牛，做白日梦。如果没有李阳冰的编辑整理，李白的诗文说不定会散佚多少。

在人生的尽头，李白交了一个很好的朋友。

李阳冰称李白是"千载独步，唯公一人"，"唯公文章，横被六合，可谓力敌造化欤"！

没错，是这么回事！

但是，我们知道是这么回事，和那个时代李阳冰知道是那么回事，不是一回事。

谁能透过一张腐皮，看见里面的珠玉？李阳冰看见了。他的目光穿透千年，如火如炬。

十一月，李白赋《临终歌》而卒：

> 大鹏飞兮振八裔，
> 中天摧兮力不济。
> 余风激兮万世，
> 游扶桑兮挂左袂。
> 后人得之传此，

仲尼亡兮谁为出涕?

大鹏飞呀,飞过八方,中天摧呀,没了力气。所余之风啊,可以激励万世,东游扶桑啊,挂住了左袂。后人得了消息到处流传,可是仲尼已死,谁还为我哭泣?

他不是歌,他是在哭。

结　语　一生失意，末路英雄

临死，李白躺在榻上，心里似明似暗，好像去了很多旧地，见了许多故人。旧时岁月如大风刮过，卷起沙石，盘旋而起，裹挟着过往无数的爱恨、烟云、泪水与离别，消失在广袤苍茫、不见尽头的天际。霎时七情起，霎时七情昧，烟火散尽，万籁俱寂。

他的意识沉入深深的黑暗，一代谪仙，历劫圆满，回到天上。

天际乌云铺排天空，野风猖獗在昏暗的天地。一霎时，空隙里破出金芒，数道光箭直直地穿破了云层。

云浪推出一轮红日，一路轰轰地开上更高的天空；万顷良田和丰美水草被霎时点亮，薄霜燃烧，露珠晶莹，铺缀大地。

枯草犹如回光返照，人间潮浪，清晰入耳。

我们的诗仙人陨落。

他死后，人们才发现自己原来是这么爱他，甚至给他安排了一个比老死病榻更浪漫、更符合他气质的死法——他喝醉了酒，下到秦淮河里捉月亮，因此而亡。

让人想笑。

笑着笑着，眼睛又湿了。

李白的肉身葬于当涂县龙山。

让人啼笑皆非的是，他死后两年，代宗广德二年（764）正月，朝廷下诏，命天下诸州推举堪任御史、谏官、刺史、县令的人才，李白被推举成功，官拜左拾遗——心心念念想当官，想了一辈子，死了死了，当上官了。

是悲剧，还是喜剧？

唐人李华在为李白撰写的墓志铭中哭诉：

> 立德谓圣，立言谓贤。嗟君之道，奇于人而侔于天，哀哉！

刘全白亦在李白碑记中写道：

> 全白幼则以诗为君所知，及此投吊，荒坟将毁，追想音容，悲不能止。

唐人白居易的《李白墓》诗云：

> 采石江边李白坟，绕田无限草连云。
> 可怜荒垄穷泉骨，曾有惊天动地文。
> 但是诗人多薄命，就中沦落不过君。

宋人许彬在《经李翰林庐山屏风叠所居》中言：

> 放逐非多罪，江湖偶不回。

深居应有谓,济代岂无才!
叠嶂晴舒障,寒川暗动雷。
谁能续高兴?醉死一千杯。

明人方孝孺有《吊李白》:

君不见唐朝李白特达士,
其人虽亡神不死。
声名流落天地间,
千载高风有谁似?

余光中先生说李白:

酒入豪肠,七分酿成了月光,余下的三分啸成剑气,绣口一吐,就半个盛唐。

天生就会作诗,一辈子没学会做人。李白终于不用"独酌无相亲""对影成三人"了,他上了天,成了皎皎白月光,何止被亿万人、千万年仰望!

我喜欢浸淫在古人的人生里,出门也喜欢去一些古早古旧的小巷子:简陋的被风吹、被雨刷的门板,褪了色的红纸对联,陈旧的石头叠砌的小房子和石头墙窄窄地夹出来的小胡同。我喜旧,厌新。看见新盖起来的所谓古镇,心里会发恨:我想看过去,你给我看现在!我想看光阴,你给我看繁华!繁华从来不是光阴的特质!

浸在历史中的李白,在属于他的那段光阴里狂歌大笑,郁闷无聊,上天无路,入地无门,那段陈旧的光阴无比真实。

人与人之间藏着条界线,跨过去叫死别,那是追赶不上的另一个世界。所以我们不知道李白死后是什么感觉,我们能做的,只是尽力还原他生活的那个世界,和他活着时的感觉。

什么感觉呢?一场风过了无痕的,春三月。

好不容易把李白写死了,长出一口气。

这是我第一次写死一个人的时候,没有意犹未尽,想的反而是终于死了,太好了,解脱了。

李白一辈子都在追逐功业,但他最没办法实现的就是功业。他始终活在矛盾之中,想拿水果刀杀人,想拿大砍刀切菜,一切都是错位的。

他没有心情经营爱情和家庭,没有责任感去照顾儿女,也没有圆融通达的处世态度去经营官场,他空有一个宏大的、理想化的梦,缺少一点一点把梦想织成现实的能力。

苏轼提笔搞文学,上任搞政治,流放也想办法好玩好吃,几乎没有卑躬屈膝地巴结过别人,所到之处,哪怕重病落魄之时,也被无数人迎送。

论做人,苏轼成功得多,也招人心疼得多。

李白给人的感觉真复杂。我们爱他的诗,不喜欢他的为人。

但是,一个底层的、想要挣扎着实现愿望和梦想的人,以诗为笔,想为自己挣前程,有错吗?

他没错的话,是谁错了?什么错了?哪里错了?你聪明,请你告诉我。

谪仙也是仙,仙人最好是不要在这个人间的泥坑里打滚,上天上去,逍遥快活去。

有一句话说得好,"死亡不是失去了生命,只是走出了时间"。普通人的死亡,也许是真的失去了生命。但是李白不同。他走出了时间,但他的生命力仍旧在绵延,让人一代代怀念。

　　浩歌一曲酒千盅。男儿行处是,未要论穷通。

李白一生失意,末路英雄。

附　录　李白大事记

武则天长安元年（701）

出生，今一般认为其出生地在唐剑南道绵州昌隆青莲乡。

王维出生。

唐中宗神龙元年（705）

五岁，"诵六甲"，发蒙读书。

《六甲灵飞经》是唐代的识字课本，内容是道教经典。

唐睿宗景云元年（710）

十岁，读诸子百家，通诗书。

唐玄宗先天元年（712）

十二岁，杜甫出生。

唐玄宗开元三年（715）

十五岁，观奇书，学剑术，好神仙。

开元六年（718）

十八岁，隐居大匡山，师从赵蕤，往来于旁郡。《访戴天山道士不遇》应作于此阶段。

开元八年（720）

二十岁，李白第一次"辞亲远游"。游成都，干谒益州长史苏颋，登峨眉山、结识元丹丘，干谒渝州刺史李邕。

作《登锦城散花楼》《登峨眉山》《春感》《上李邕》《冬日归旧山》等诗。

开元九年（721）

二十一岁，归家，此后三年均在匡山读书。

王维登进士第。

开元十二年（724）

二十四岁，"仗剑去国，辞亲远游"，作《别匡山》。

游峨眉山，与怀一法师相识；经嘉州，抵渝州，游览巴南、巴中等地。

开元十三年（725）

二十五岁，结识吴指南，出三峡，到荆门，于江陵遇司马承祯，作《大鹏遇希有鸟赋》。

泛览湘水，攀苍梧，过洞庭湖，安葬好友吴指南。

过庐山，经天门山，到金陵。

开元十四年（726）

二十六岁，扬州干谒朱门未果。赴姑苏、镇江、杭州等地，后返扬州，"散金三十余万"，卧病。

开元十五年（727）

二十七岁，过襄州，结识孟浩然。入赘许家，居于安陆。

王昌龄进士及第。

开元十六年（728）

二十八岁，作《上安州李长史书》《代寿山答孟少府移文书》。与孟浩然相会，作《黄鹤楼送孟浩然之广陵》。

开元十七年（729）

二十九岁，写《上安州裴长史书》。

开元十八年（730）

三十岁，赴长安，谒宰相张说，结识其子张垍，寓居终南山玉真公主别馆。结识陆调，投刺邠州长史李粲、坊州司马王嵩，作《酬坊州王司马与阎正字对雪见赠》，无功而返。

开元十九年（731）

三十一岁，回长安，有感于仕途艰险，并送友人入蜀，作《蜀道难》。

离开长安，隐居嵩山。

开元二十年（732）

三十二岁，往来于洛阳、襄汉、安陆之间，结识元演。

岁末，归家安陆。

开元二十一年（733）

三十三岁，生女儿平阳。

开元二十二年（734）

三十四岁，游襄阳，投刺荆州长史韩朝宗，不成。

至江夏，逢宋之悌。

冬回安陆。

开元二十三年（735）

三十五岁，与元演同游太原。

开元二十四年（736）

三十六岁，离开太原，经洛阳，回安陆。

开元二十五年（737）

三十七岁，生子伯禽，小名明月奴。

开元二十七年（739）

三十九岁，于巴陵遇王昌龄。

开元二十八年（740）

四十岁，妻子许氏病故后，带着一儿一女离开安陆，前往东鲁。

与韩准、裴政、孔巢父、张叔明、陶沔等人结识，并称"竹溪六逸"。

为照顾儿女，娶刘姓寡妇（一说与刘姓寡妇同居）。

孟浩然卒。

天宝元年（742）

四十二岁，经元丹丘和玉真公主推荐，被召入京面圣，任翰林待诏。结识贺知章。

天宝二年（743）

四十三岁，对御用文人生活日渐厌倦，令高力士脱靴，被玄宗疏远。

天宝三年（744）

四十四岁，被"赐金放还"，路上结识杜甫、高适，三人同游。

天宝四年（745）

四十五岁，与杜甫同游东鲁，后与之分别。

天宝五年（746）

四十六岁，卧病东鲁，病好后离家远游。

天宝六年（747）

四十七岁，游历到越中，吊贺知章。后返金陵。

天宝九年（750）

五十岁，娶"千金买壁"的宗氏女，梁园入赘。

天宝十一年（752）

五十二岁，抵幽州，初有立功边疆的想法，习骑射。后发现安禄山的野心，登黄金台痛哭，不久南下。

天宝十二年（753）

五十三岁，从幽州南返。

天宝十三年（754）

五十四岁，三到长安。到处投刺不成，陷入迷茫，再次铩羽而归。南下游历，客居宣城。

天宝十四年（755）

五十五岁。安史之乱爆发，李白带着宗氏女赴长安不成，转赴庐山屏风叠隐居。

至德元年（756）

五十六岁，入幕永王。

至德二年（757）

五十七岁，浔阳入狱，罪名"附逆"。
被宋之悌之子宋若思搭救出狱，后二次入狱，被判长流夜郎。

乾元元年（758）

五十八岁，自浔阳出发，长流夜郎。

乾元二年（759）

五十九岁，快到夜郎时，遇大赦，作《早发白帝城》。

此后仍旧到处投刺，却处处冷遇，甚至人人皆曰可杀。

上元元年（760）

六十岁，和妻子分手。妻子修道，李白继续出游。

上元二年（761）

六十一岁，投军李光弼，半路病倒，未果。

宝应元年（762）

六十二岁，投奔李阳冰，认其为族叔，将文稿和诗稿一并托付。

十一月，赋《临终歌》而卒，葬于当涂县龙山。